Im Supermarkt der geheimsten Gefühle

Warum schreibst du, wo es scheinbar doch zu gar nichts nützt? – Nun, warum zwitschern die Vögel?

Im Supermarkt der geheimsten Gefühle

Gedichte
und andere
Ungereimtheiten

Siegfried Schüller

Bibliografische Information der Deutschen Nationalbibliothek:
Die Deutsche Nationalbibliothek verzeichnet diese Publikation
in der Deutschen Nationalbibliografie; detaillierte bibliografi-
sche Daten sind im Internet über http://dnb.dnb.de abrufbar.

Kontakt: siegfried.schueller@online.de
Homepage: worte-gegen-den-wind.de

Covergestaltung: Tom Meilhammer

Autorenfoto: Elfi Schüller
Autor auf dem Töpfchen: Marianne Schüller

Herstellung und Verlag: BoD – Books on Demand, Norderstedt

ISBN: 9783750460201

IM SUPERMARKT DER GEHEIMSTEN GEFÜHLE

anstelle eines Vorworts

Kollegin Hilde hatte gehört, dass ich schreibe.
Jetzt wollte sie unbedingt etwas lesen von mir.
Hilde ist aber neugierig wie eine Hummel
und so verschwiegen wie ein Hühnerhof.

Ich gab ihr also ein paar harmlose Gedichte.

Als ich sie das nächste Mal traf,
schien sie nicht ganz zufrieden.

Mit süffisantem Lächeln und
dem gekränkten Blick einer Frau,
der man falsche Hoffnungen gemacht hatte,
gab sie mir die Plastiktüte mit den Gedichten zurück
und meinte dazu:
„Na, deine geheimsten Gedanken und Gefühle
gibst du wohl nicht gerne preis?"

Stimmt! Nicht jedem –
und die geheimsten schon gar nicht.

Aber warte, hier
im Supermarkt der geheimsten Gefühle
bekommst du dafür:

- 2 Flaschen *Heimliche Mordlust*, erstklassiger Jahrgang,
- 1 Sack frische Leichen aus meinem Keller,
- 50 ml Angstschweiß im handlichen Achselroller,
- 4 Kilo Kummerspeck, gut abgehangen und
- ¼ Liter Tränen im praktischen Nachfüllbeutel.

Im Sonderangebot hätte ich heute:
- 500 g nackte Verzweiflung, frisch durchgedreht
- 3 Dosen gemischte Gefühle oder
- 2 Tüten verbrannte Finger im Kombipack mit
- 1 Set gebrauchsfertiger Fettnäpfchen.

Nur solange der Vorrat reicht, gibt es noch:
- 5 Familienpackungen gefriergetrocknete Fertigliebe
- 1 Glas süß-sauer eingelegte Selbstmordgedanken und
- 2 Restposten 1A Leidenschaft im Sechserpack.

Darfs sonst noch was sein?
Aus unserer Wunschtheke vielleicht:
- 1 Paar feuchte Träume in versiegelter Frischhaltefolie
- ½ Pfund Wut im Bauch oder nur schnell
- 1 Scheibchen hämisches Grinsen zum Probieren?

Oder das Angebot aus der Kosmetikabteilung?
- 1 Glas streichelfester Schönheitshonig, besonders hautfreundlich und biologisch abbaubar.

Sehr empfehlen kann ich auch die Festtagsauswahl unserer Süßwarenabteilung, zum Beispiel:
- 150g heiße Küsse mit Schokoguss
- unsere Qualitäts-Pralinenmischung
  Echte Liebesschwüre und falsche Versprechungen,
  garantiert ohne Zuckerkruste und zum Sonderpreis,
  weil das Verfallsdatum schon etwas überschritten ist,

oder als Präsent für Feinschmecker:
- 1 Dutzend gebrochene Herzen im Geschenkkarton.

Alles dann? Genug Gefühle eingeheimst? –
Recht so! Soll ja reichen über die Feiertage.
Wie meinen? – Nein, tut mir leid, Gebrauchtgefühle führen wir nicht.

Sie bekommen von mir aber gratis für Ihren Einkauf noch
- 1 praktische Plaudertasche mit eingenähten Lachfalten und unserem aufgedruckten Werbeslogan:

Ob heiß gegessen oder tiefgekühlt –
Hauptsache, geheim gefühlt!

Warten Sie, beim Einpacken helfe ich lieber! –
Könnte ja sein, dass die Tasche auch unten ein Loch hat.

Auf Wiederschauen und beehren S' uns bald wieder!

Alltagsgefühle

Ansichtssache

Sagt der Chef am Fließband:
„Frau Z. legt einen Arbeitseifer an den Tag,
dass es eine wahre Freude ist, ihr zuzuschauen."

Denkt Frau Z. am Feierabend:
„Gott sei Dank, der Tag ist gelaufen.
Jetzt fühl ich mich wieder wie ein Mensch
und nicht mehr wie eine Verpackungsmaschine."

Stress

Jeden Morgen
die gleichen Straßen
im Stoßverkehr
etwas zu spät
die Karte gestempelt
den Schlüssel gedreht
zweimal, dreimal
Guten Morgen
jeden Morgen
Gang entlang
letzte Tür rechts
hingesetzt
Zigarette gedreht
schnell geraucht
gleich gehts los
schlechtes Gewissen
Viertel nach Acht
noch nichts gemacht
aber dann
Guten Morgen
hätt was zu besorgen
bei Post, Bank, Zoll und Bahn
dringend ists
Jacke an
losgefahrn
Gas weg, bremsen
kuppeln, schalten, stehn
Ampel rot
Warten in Hypnose
Hupen weckt
aha!
Ampel grün
weiterfahrn.

Alles erledigt
Mittagspause
wunderbar
eingekauft
vollgetankt
Brot gemampft.

Wieder da
Mahlzeit sagen
Geld zurück
Dank dafür
Pakete packen
schleppen, tragen
schwer
und leicht dabei der Magen.

Bitte dies
schnell noch das
tut mir leid
keine Zeit
meckern, fragen
weiterplagen
suchen, ordnen, finden
heften, lochen, binden
ich malträtier und fotokopier
geduldiges Papier
doch mein Gesicht
passt manchem nicht
mein mürrischer Blick.
Freude
auf das kleine Glück
um Viertel vor Fünf
die Post im Arm

Guten Abend
darf ich gehn
Ade und auch
Auf Wiedersehn.

Guten Morgen
jeden Morgen
müde, Mittag, Mahlzeit
Guten Abend, Wiedersehn
Grüß Gott, Feierabend
und Gutnacht!

Wunschlos

Eines Abends
vorm Badezimmerspiegel
trifft dich ein Blick
so von unten nach oben
traurig, aber treu
wie von einem Hund
den sein Herr geschlagen hat

und wenn ihm draußen
eine Sternschnuppe begegnet
(und es waren schon einige)
dann wünscht er sich
einen ruhigen Abend
oder dass sein Auto
ihn heil nach Hause bringt

und selbst wenn
durch Zufall oder Glück
so ein ausgeglühter Stein
ihm direkt in den Schoß fiele –
er würde ihn lustlos beschnüffeln
und hätte noch Mitleid
mit dir.

Ein ganz normaler Abend

im Leben des alleinstehenden
Angestellten Z.

Z. ist jung, er sieht gut aus
sie sieht gut aus, sie sind gut drauf.
Sie haben auch ihre Probleme
aber sie lieben sich –
serienmäßig.

Erst tauschen sie Blicke
dann Komplimente aus
danach ihre Meinungen
und zum Schluss der Talkshow
die Gesichter.

Bei einer Schnittblumenauktion
in Amsterdam erschießt
ein Händler aus Eifersucht
seine Frau. – Ihr Name
wird aber weiterleben
als Zuchttulpe seines Rivalen.

In China spielt man Schach
mit lebenden Figuren.
Am Brettrand wird gleich
ein geschlagener Bauer geschlachtet
fachgerecht ausgeweidet
und anschließend seine Organe
frisch und noch dampfend
im World Wide Web versteigert.

Es folgt die Dokumentation
des bizarren Paarungsverhaltens
einer beinahe ausgestorbenen
afrikanischen Tierart.
Als die Kamera die Biester
endlich vor der Linse hat
düdelt das Handy
eines sensationsgeilen Pygmäen
und vertreibt das Paar.

Premiere: Liveübertragung
vom Sterben eines Menschen.
Als es aus ist
schalten sie die Apparate ab.
Das Piepsen hört auf.

Z. zappt.
Er ist jung
sie sieht gut aus.
Allabendlich um Acht
verliest die blonde Frau
das Testament der Tagesschau.

Als die Männer
in den Schutzanzügen
von ihrem Ausflug zurückkehren
sagt einer von ihnen
der Mars sei wüst und leer
und dass sie Sehnsucht hätten
nach der Erde.

Melancholie

Nichts fällt mir ein
worüber ich schreiben könnte.

Die meisten Menschen sterben
statistisch gesehen
im Februar.

Meine Freunde
haben sich rar gemacht
gehen nicht ans Telefon
bauen ein Haus auf dem Land
oder konservieren ihre letzte Hoffnung
in Alkohol
basteln im Hobbykeller
heimlich an einer Karriere
haben keine Zeit zu verlieren
oder ziehen sich dankbar zurück
in die zweifelhafte Geborgenheit
psychiatrischer Anstalten.

Im Garten die Hecke
ich schneide sie mit den Zähnen.
Der Staubsauger
telepathisch zum Schweigen gebracht
müsste repariert werden.
Dagegen stell ich Bücher um
sehe meinem Sohn zu
wie er den Spaten zerbricht
und gebe einem Kerzenstummel
eine letzte Chance
auf Licht.

Besseres fällt mir nicht ein.

Dabei würde ich auch gern
wenn man mich ließe, wie Christo
den Reichstag verhüllen.
Später, beim Strippen
des Tuches käme stattdessen
ein verängstigter Tiger zum Vorschein
und ein aggressives Kaninchen
gigantisch glutäugig
ein weißer Riese
anstelle des alten Symbols
wiedervereinigter Größe.

Wie bist du bloß
auf das Denkmal gekommen
Demokratie?
mit diesem dämonischen Grinsen.

Den Kölner Dom
könnte man doch auch …
Mit Samt seine Noppen verhüllen:
geweihte Zwillinge, standhaft
die zwiegestärkten Spitzen –
kondominante Riesen, rot
und permanent in Form
von Bischofsmützen.

Bin aber kein Zauberer
aber bei Gott
und meiner Stummelkerze:
Wie lang doch so ein Flämmchen brennt
und noch Licht gibt
wenn man es lässt.

Wenns aus ist, geh ich ins Bett.
Morgen ist ein anderer Tag.

Alltagsliebe

Sie wollte nicht
dass aus der Liebe Alltag wird –
ein Feiertag sollte es sein
wenn wir uns liebten.

Es waren Feiertage –
nur: Feiertage sind selten
mir waren es zu wenige.

Sie wollte nicht
dass aus der Liebe Alltag wird
und wollte MoDiMiDo lieber nicht
sie ließ die Liebe allenfalls
FrSaSo zu.

Mir war das nicht genug.

Sie wollte nicht
dass aus der Liebe Alltag wird –
ihr war ein Alltag ohne Liebe lieber.
Meine Liebe, das war zu viel für mich.

Sie wollte – mich
bald überhaupt nicht mehr –
da hatte ich genug von ihr.

Strohhalme

Herr Hoffmann zeigt sich
selten auf der Straße
seit man ihn nutzlos machte.

Besonders, wenns draußen kalt
ist und drinnen dunkel
werden Zeit und Tage lang
steht er dann hinterm Fenster.

Ein Wort, keinen Baukran
ein Stück Zeitung von gestern
eine Zigarette zum Festhalten
die braucht er dann.

Ob's morgen mal wieder klappt
fragt er den Gehsteig jeden Abend
seit die Schneeordnungstafel
an seiner Tür hängt.

Aber heute steht er
fast wie in alten Zeiten
in aller Früh auf der Straße
mit dem Schneeschieber in der Hand.

Auch so ein Strohhalm
zum dran Festhalten.

December Depression

Im Dezember 1890
schien die Sonne in London
ganze acht Minuten lang.

Gegenwärtig liegen wir hier
auch ganz gut im Rennen.

Himmelsmasse, hirngrau
drückt auf Gemüt -lichkeit
alle vier Stunden schreit
das Baby will
frische Windeln und Fläschchen
Bier, Butterbrot und Rollmops
bekommen wir.

Bakterien und Schnee
bleiben draußen vor der Tür
aus Angst vor Aids und dem
Alleinsein und der
Arbeitslosigkeit.

Kleinfamilie ist gut
und gesund und sterile
Keimzelle des Staates.

Die Vierwände rücken
enger zusammen
im Wohnzimmer implodiert
das permanente Wochenende
vor dem Farbfernseher.

Schweigendennendlich:
Schimanski stirbt den Heldentod
beim gut gemeinten Versuch
den Alltag zu entschärfen.

Ab und zu
besuchen Freunde den Friedhof
und onanieren
am offenen Grab.

Im Dezember.
Ganze acht Minuten lang.

Sommernachtsgrauen

Die Katze lauert leise, ein Moped knattert
um die Laterne an der Straße flattert
ein Schwarm Fledermäuse – oder heißt es Schar?
egal, es sind auf jeden Fall ein paar

Sternbilder am Himmel: Großer Wagen, Kassiopeia
im Fernsehfilm der Woche läuft ein flotter Dreier
ein bisschen Sex mit wenig Lust betrieben
der Frust steht allen ins Gesicht geschrieben

das Thermometer steht bei dreißig Grad im Haus
die Uhr schlägt Viertel Zwei, ich schlag Alarm
und opfere den Schnaken meinen rechten Arm
das Bettlaken sieht bald nach Blutbad aus

die Stechgeschwader geben endlich Ruh –
Film aus, Licht aus, Fenster, Vorhang, Augen zu.

Gemischte Gefühle

Der Mohr und sein Mädchen

Die weiße Frau
in der Hand des Sarotti-Mohren?
nein, umgekehrt:
der schwarze Mann in Uniform
in den Armen des weißen Fräuleins.

Der glänzende Kapellmeister
und sein rotblonder Schatz:
das Liebesglück steht ihnen
ins Gesicht geschrieben
wie Überraschung und Neugier
ihren Betrachtern.

Was für ein Bild!
Wer würde es vermuten
inmitten blutiger Historien
mal eine Liebesgeschichte
1890, mitten in Berlin.

Ein Guten Morgen!
ein Schlag ins Gesicht
eines jeden Rassisten –
doch solche Leute gehen
eher selten in Museen.

So versäumen sie Gustav
den preußischen Mohren
und seine blühende Geliebte –
ein buntes Paar in Öl auf Leinwand

hinter Glas, im Zeughaus
Unter den Linden.

An dieser Stelle war ein Foto des Gemäldes „Preußisches Liebesglück" vorgesehen, das der Autor im Deutschen Historischen Museum, Berlin, gemacht hat.
Das Gemälde von Emil Doerstling aus dem Jahr 1890 zeigt den schwarzen preußischen Militärmusiker Gustav Sabac el Cher, Unteroffizier im Musikkorps des Füsilierregiments Nr. 35 „Prinz Heinrich von Preußen" mit seiner Verlobten Gertrud Perlig.
Leider hat das Museum nicht erlaubt, das Foto in diesem Buch zu verwenden.
Eine Abbildung des Gemäldes und weitere Informationen dazu finden Sie bei Wikipedia unter der Adresse:
https://de.wikipedia.org/wiki/Gustav_Sabac_el_Cher.

P.S.: Durch eine Spiegelung auf der Glasabdeckung des Gemäldes war auf dem Foto ein Rassistenschwein zu erkennen, das auch im Gedicht vorkam. Da ich dessen Existenz ohne mein Foto nicht belegen kann, habe ich das Schwein gezwungen, mein Gedicht zu verlassen.

Gezeiten

Komm, sagte sie, komm!
Kein Kennenlernen.
Sie erkannten sich
und folgten einander
ohne Wohin, Warum
Wie lange? –
eine Weile:

Wie das Wasser einer Schleuse
zwei Lastkähne ans Licht trägt.

Ihre Zeit
eine Quellwolke
ein Tag ein Jahr –
Bernstein jeder Augenblick –
Weg und Orte vorbestimmt:
Kapitel, Schauplätze eines Romans
dessen Ende man ahnt.

Das Tor geht auf
und gibt die Schiffe frei.

Am Ende
zwei auf einer Bank
hoch über der Küste.
Ihre Augen
spiegeln das Meer.
Auf den Gesichtern
wechseln Ebbe und Flut.

Die Sterne von Mimberg

Der Teddy im Koffer, die Koffer verstaut
im rotkarierten Rock die kleine Schwester
verdrückte Tränen, Mutters Abschiedskuss
die lange Fahrt im Bus, hinaus aus der Stadt.

Sechs Wochen im Heim zur Kindererholung:
die nächtliche Trennung von Mädchen und Jungs
das Gefühl, ganz allein unter Fremden zu sein
und die Angst, im Schlaf aus dem Stockbett zu fallen.

Das Wecken, die Reihe der Becken im Waschraum
Zähneputzen synchron und Zahnpasta, rot
mit Himbeergeschmack oder wenigstens Streifen –
bloß weiß quillt es aus meiner Tube.

Im Speisesaal klappert das Frühstücksgeschirr
Blechkannen voll Hagebuttentee, Teller
mit Cornflakes, und aus dicken, weißen Tassen
dampft heiße Milch mit ekelhafter Haut.

Aber draußen wartet schon die große Rutsche
und der Kletterturm mit dem Fliegenpilzdach
und vorm Bettgehn kommt die Märchenstunde:
der kleine Muck, das kalte Herz, Zwerg Nase.

Einmal, nach den Gruselbildern aus dem Buch
die Nachtwanderung, Hand in Hand durchs dunkle
Tal.
Horch! Im Gebüsch, da hat doch was geraschelt?
Schnell weiter, nur nicht den Anschluss verlieren!

Übern Kopf gestülpt die schwarze Nacht
die Milchstraße mit ihren weiten Armen –
sich fallen lassen dann, mit offenem Mund
ins Netz der tausendfach glitzernden Sterne.

Nie wieder – auch nicht in den klarsten Nächten
schien mir der Himmel so nah.

Ballade mit Zugsirenen

Tür auf, schon schlägt mir Lärm entgegen
im Waggon davor war's still, nur eine Frau mit Hund
saß dort – und das auch nur des Reimes wegen.
Bei ihr könnt ich mich niederlegen, hätte Ruhe
könnte lesen – vor mir sitzt der Grund
warum ich es nicht tue.

Genau gesagt vier Gründe:
drei junge Frauen, wenig schüchtern
sowie ein Mann mit Fistelstimme, auch nicht nüchtern.
Auf andre Rücksicht nehmen, wäre eine Sünde
so wird, wie sich's gehört, ganz ungeniert
gelacht, getobt und smartphoniert.

Es stört mich nicht, im Gegenteil
ich lächle ihnen freundlich zu
bleib brav auf meinem Einzelsitz
und lausche dem Geschrei, weil …
Wuwumm, wuwussscchh, wuwuuu
rauscht da wie ein Stakkato-Blitz

ein Gegenzug vorbei, der Nacht entsprungen
tauchen aus dem Dunkel wie in Träumen
Bilder auf aus fernen Räumen
in denen die Erinnerungen
noch lange Halbwertszeiten hatten –
Vergangenes wirft meistens schöne Schatten.

Ich fühl mich wieder … nein, nicht jung
und schon gar nicht wie einer von ihnen
doch mittendrin. – Der Lärm, die Ablenkung
vom monotonen Singsang der Schienen
wirkt wie Gebell beim Schäfchen zählen –
Grund genug, grad diesen Platz zu wählen.

Wahrscheinlich wär ich sonst nach Mitternacht
im letzten Bahnhof aufgewacht, was dann?
Den Rest der Nacht im warmen Bahnhofsklo verbracht?
Meine lauten Zugbegleiter haben mich davor bewahrt
wie die Sirenen einst den Seefahrer und Sagenheld
Odysseus, der mit dem Schiff auf seiner Irrfahrt

an Skyllas Klippen wohl nur deshalb nicht zerschellte
weil ihm der Sirenensang noch in den Ohren gellte
was ihn als Kapitän, wie ich vermute, weniger betörte
als vielmehr wach hielt, weil's beim Schlafen störte.
Meinen Zugsirenen sag ich jedenfalls zum Schluss:
Danke! Ihr wart besser als ein Tinnitus.

ELDORADOS IN DOSEN

Nationalgefühle

Nichts dazugelernt

Ein Deutscher zu sein
ist Strafe genug –
sollte man meinen.

Leider gibt es einige
die schon wieder glauben
sie sich täglich neu
verdienen zu müssen.

Deutschland, deine Farben

Wenn wer von Deutschlands Größe spricht
dann seh ich Schwarz
verbrannte Haut und Asche im Gesicht.

Wenn Fremde Hass und Habgier spüren
dann seh ich Rot
mit Blut befleckte Hände und Zeichen an den Türen.

Wenn du nur Fleiß und Wohlstand kennst
dann sehe ich das Gold
das mehr als alles andre glänzt.

Wenn deine Farben sich dann blähn im Wind
wie frisch gewaschne Windeln
von einem unschuldigen Kind –

Lieb Vaterland, dann schäm ich mich
und magst du noch so friedlich sein
ich leiste keinen Eid auf dich.

Deutscher Alptraum

Brave Mädels
tragen wieder Zöpfe
brave Jungs sind kurz geschoren
die deutsche Frau
kehrt zurück an die Töpfe
zum stillen Glück im trauten Heim
hat Papa den Job verloren
des kleinen Mannes Sonnenschein
und dem Vaterland werden auf Vorrat
wieder mehr Knaben geboren.

Mann heiratet in Uniform
am starken Arm die stolze Braut
überhaupt werden mehr Ehen geschlossen
es werden auch wieder mehr Panzer gebaut
gegrüßt wird wieder zackiger
– Waschlappen sind out –
der Blick unterm Stahlhelm
bleibt fest und entschlossen
und ab morgen früh
wird zurückgeschossen.

Lina nera

Als ich in San Giuseppe Vesuviano weilte
gleich hinterm Rücken des Vulkans
da gab es eine Nachbarin
Lina:
schwarze Schuhe
schwarze Strümpfe
schwarzer Rock mit Bauch und Rollkragenpulli
schwarzer Krauskopf
schwarze Zähne
und eine Stimme
schwarz wie Rauch.

In Deutschland
in Wiesbaden sei sie gewesen
ein halbes Jahr mit ihrem Mann.

Die Deutschen
so erzählte sie allen –
machen's nur einmal die Woche
am Sonntag.
Wir dagegen
wir machen's jeden Tag
einmal, zweimal – mindestens!
und dabei lachte sie
wie eine Dose Kichererbsen.

Mein Nationalstolz war verletzt
ich widersprach: Das ist nicht wahr
es gibt auch Deutsche
die's nur am Montag
oder mittwochs machen
und manche sogar
zweimal die Woche.

Alle schauten mich an – ungläubig
als wüssten sie nicht genau
wie ernst ich es meine –
und Lina hörte auf zu kichern
wie eine leere Dose Erbsen.

Nachts
im Bett hörte ich
wie sie nebenan mit einem
Stock auf dem Terrazzoboden
den Takt dazu schlugen
wie ein Metronom …

Stammtischbrüder

Der alte Wolf –
man sieht
er fühlt sich wohl
unter den Schafen

leckt sich die Lippen
wirft wässrige Blicke
aus seinen dreieckigen
Altnaziaugen

während die Anderen
bei Brezeln und Bier
ihre aufgewärmten
Auschwitze reißen.

Außenseiter –
Gott sei Dank!

Wackersdorf, Pfingsten 1988
(am Bauzaun der WAA)

Mit Gummiknüppeln und Wasserwerfern
verteidigen sie die Atomburg.

Der Widerstand scheint aussichtslos
der Bauzaun unüberwindlich.

Aber immerhin:
Wir stehen draußen im Freien –
die Staatsmacht sitzt hinter Gittern.

Wendeland-Saga

Am Anfang die Lüge:
Niemand hat die Absicht …
auch nicht am Schluss:
sofort, unverzüglich …
ein Missverständnis – Geschichte
hat einen subtilen Humor
Geduld und immer recht am Ende.

Niemand muss fliehen
wohin man reisen kann
einmal um die halbe Stadt
die Welt, die Wolken weißer
selbst das Wetter westlicher
die Luft raus, aber rein.

Eldorados in Dosen
für dumm verschenkt
Pandoras Büchse, geöffnet
gegessen, Genossen!
Chicken-Nuggets statt Broiler
geblendete Kühe gekreuzt
mit hornlosen Rindern zum Tanz
um das schwarzrotgoldene Kalb.

Selbst gezimmert
das treuhändische Pferd
die kapitalistischen Reiter gerufen:
Mein Königreich für 'n Appel
und Ei!
Asphalt als Pflaster
Trostpflaster und neue
Ketten aus Gold oder Glas
und Straßenbegrenzungspfosten.

Landschaft einverleibt, entkernt
noterblühte Neophyten: Späthe
Mehdorne und Biedenköpfchen
durchpflügt vom Heer
der Wowereiter, Sarrazinen
nur Schuster bleiben bei den
Leisten muss sich wieder lohnen
Bereicherung bereichern.

Die Welt aus ihren Angeln
auf die Schultern heben –
ein Herkulesstaunen:
wie leicht sie wiegt so hohl
ergriffen von der einen
die andre Chance vergeigt
Wurstland, Wurstland über alles
nur was wächst, gedeiht.

Gealdit, belidlt, geklotzt und bekleckert
amazont, verhartzt und wundgeschleckert
vereint verkohlt und geschrödert
vermerkelt, umrautet, begauckt –
doch wie man es wendet
wir sind wieder mehr
Wir sind das Woll!
ob es volkt oder nicht.

Walkürenritt

Wagners Musik ist
eindrucksvoll und mächtig –
nur ihr germanisches Brausen
macht sie verdächtig.

Meine Heimat

hat keinen Namen

ist nichts
wonach ich suchen muss

und nirgendwo
wo etwas irgendwem gehört –

nur Schwere
die versinkt, woher sie kam

nur Wärme
die entsteht, wenn sich auflöst, was war

nur Stille
die dort herrscht, wo nichts mehr ist

als Sein.

1982 gewann die Sängerin Nicole mit ihrem Lied „Ein bißchen Frieden" den Grand Prix Eurovision de la Chanson. Im gleichen Jahr brachte die Biermösl Blosn ihr BayWa-Lied heraus, eine aktualisierte Fassung der Bayernhymne. Ein bisschen Frieden und eine neue Bayernhymne – beides könnte man jetzt wieder brauchen. Für den Frieden müssen andere sorgen – um die Bayernhymne hab ich mich selbst gekümmert:

Bayernhymne neu

Gott mit dir, du Land der Bayern,
Heimat, Bauerwartungsland!
Über deinen weiten Gauen
schwebt des Söders Förderhand
Sie versiegelt deine Fluren,
heiligt den Gewerbebau.
Neben deinen breiten Straßen
wachsen Hallen, weiß und grau.

Gott auf unsrer Abgaswolke,
was ist dieses Land noch wert,
wenn man statt durch grüne Fluren
nur durch Baugebiete fährt?
Darum bittet ihn inständig,
an der Ampel und im Stau,
dass er unser Land bewahre
vor den Herren, schwarz und grau.

Langwasser

Regenfäden glitzern
aus den Laternen
fällt Lametta aufs Pflaster
vor versperrten Kneipentüren
zwielichtige Angebote
verschwimmen hinter Schaufensterscheiben.
Ein Taxi rauscht vorbei
spritzt das Straßenlicht
zurück auf den Gehsteig.

Schritte hallen
im leeren U-Bahnhof
braust ein Luftzug
stadtauswärts durch den Schacht.
Draußen
spuckt die City ihre müden Kinder
durch die Neonhölle
hinaus in die Nacht.

Eisernes Kreischen
klingt von der Gleisharfe
des Rangierbahnhofs – schrille Töne
eine Amsel schlägt an, vorlaut
verstummt aber gleich wieder
huscht aus den Büschen
ein Traum
über die sinnlos rote Ampel
verschwindet im nassen Nichts
des Asphalts, reitet bäuchlings
auf den glitschigen Rohren der Fernwärmeleitung
blank und bloß heim
in die getürmten Betten
der Trabantenstadt.

Nächtlicher Heimweg

Kaum ein Geräusch –
nur der Schotter knirscht
unter den Schuhsohlen.

Ruhig gehen meine Schritte
im Sternenlicht
funkeln die Stoppeln
auf den abgeernteten Getreidefeldern.

Meine Füße, mir scheint
als berührten sie kaum
die narbige Haut
des Planeten.

Weit reicht der Blick –
nichts über mir
keine Wolken, nur
das nackte, schwarze All.

Hielte die Schwerkraft mich nicht –
mühelos könnte ich
auf einem leichten Wind
zu den Sternen entschweben.

Déjà senti

Leichter Rauch
dein Geruch in der Nase
im Zimmer und draußen
zarter Schleier
spurlosen Schnees
weiß, weich und warm
auf allem
außer mir
Ticken der Uhr
die ein Morgen verspricht
und wie die Angst
verkrustet und zerbricht
das Eis auf unsern Seelen
große Schollen
die der Wind vertreibt
und Schlamm auf meiner Haut
ausgebrannt von Glut und Kälte
fällt von ihr ab
wie Staub von einer Statue
die nur geschlafen hat
wie ich

und deine Hand
macht Schritte, Spuren
in den feuchten Sand
wo wir als Strandgut angespült
einer bei dem andern
Zuflucht fanden.

Abenddunst

über der Wiese
lang nicht mehr gemäht
und aus den Gräsern ragen
wie ein Schattenriss
von äsenden Rehen
zwei Büschel Beifuß.

Im Dämmerlicht
am nahen Horizont
auf dem lang gestreckten
nach rechts abfallenden Hügel
ein schwarzer Streifen Wald.

Dahinter
mag die Welt untergehen –
hier
findet sie gar nicht erst statt.

AUS AUTOREIFEN WERDEN FLÜGEL

Hochgefühle

Sehfehler

Manchmal fühl ich mich
frei wie ein Vogel –
wenn vor lauter Weitsicht
ich meinen Käfig
nicht mehr erkennen kann.

Bloß ein paar Vögel

Plötzlich dieses Rauschen
und hundertfaches Zwitschern
über unseren Köpfen
die schwarze Wolke:
ein Starenschwarm
in Aufbruchsstimmung.

Wie er sich dehnt und wächst
zusammenzieht
gleich wieder schwirrend
auseinander stiebt
als wär's ein einziges atmendes Wesen.

Hey, schaut euch das an!

Schwebt wie ein Ballon unterm Himmel
zerplatzt
ein Feuerwerk aus schwarzen Funken
sie sinken
steigen wieder, wirbeln durcheinander
wenden, wallen
fallen
im Sturzflug
der gefiederte Teppich
landet
in der Ferne
auf den abgeräumten Feldern.

Die Kollegen
sie bleiben gebückt
über der Arbeit am Boden
lassen sich nicht ablenken
durch ein paar Vögel.

Einer lacht
ein anderer sagt:
Na ja, sieht schon ganz gut aus.

*„Schaut die Vögel unterm Himmel an: Sie säen nicht,
sie ernten nicht, sie sammeln nicht in Scheunen;
und euer himmlischer Vater ernährt sie doch.
Seid ihr denn nicht viel mehr denn sie?"*

(Matthäus 6,26)

Sie nennen es Meditation

Warum soll ich mich
immer nur bewegen
ständig irgendetwas tun
warum mich immerfort
woandershin begeben?
Warum nicht auch mal ruhn?

Warum nicht einfach leben?
sich in die Sonne legen
die Augen schließen
um und in mich sehn
den Wind spürn und
die Wärme in und über mir
und nur den Tag genießen.

Es ist so schön
nur neben dir zu liegen
träumen mit dir
und dankbar sein
dass es dich gibt
dass wir die Welt und uns
dass sie uns liebt
mit jedem Atemzug.

Am Lagerfeuer

Auf einer Wiese mitten im Wald
ins schwarze Maul der Nacht hinein
zuckt und flackert Feuerschein
ringsum finster, winterkalt.

Lebendigere Schatten starrer Silhouetten
Fassadengesichter, Flammen in den Augen retten
leuchten auf, Zigarettenglutpunkte vergehen –
sitzen, schweigen, stumm verstehen.

Rotes Auge wächst sich über Bergen rund
verzaubert heimliche Tränen der Nacht
in Tautropfen glitzert Grasblatt bunt
und Asche wärmt noch, wenn der Tag erwacht.

Engel auf Erden

Kein Himmel zu hoch
kein Abgrund so tief
dass er nicht zum Licht empor
dich tragen könnte.

Über Eifersucht, Ehrgeiz, Habgier, Neid
der fröhlichste Engel der Welt.
Hört sein Lied, jubelt mit
für diesen Augenblick.

Fast vergessen kehrt er wieder.
Darauf freu dich, hab Vertrauen:
Engel lassen immer Federn
wenn sie sich auf die Erde wagen.

Heb sie auf als Zeichen
und willst du an der Welt verzagen
wird er dir die Hände reichen
wirst du selber Flügel tragen.

Geschafft

Emporgestreckte Arme
zur Siegerpose erstarrt
der hilflose Versuch
noch höher zu kommen.

Der Sieger will noch
größer sein, denn selbst
auf des Podestes höchster Stufe
spotten noch die Jubelrufe.

Niemand, der ihn höher zieht
und keine Hand ihn hält –
die Hände, die ihm helfen könnten
halten nur sich selbst.

Betäubt, bedroht vom Beifallsrausch
schwindet schnell das Hochgefühl –
geweitete Pupillen suchen
verzweifelt schon das nächste Ziel.

Was bleibt

Da liege ich
so still bei dir
und lausche dem Klang
deiner Stimme.

Verstehe nicht
was du mir sagen willst
und hör nur
was ich spür.

Da liege ich
so mit geschlossnen Augen
für jede Schwingung offen
der Saite, die du spielst.

Bin deines Körpers Resonanz
und Schwingen – schwerelos
so neben dir im Gras
Versinken.

Da liege ich
so deine Nähe in der Nase
dein Schnakenliebe lockender Duft.

Wärme und Pulsieren
von der Stelle unsrer Haut
an der wir uns berühren –
ein Strom – ich mittendrin.

Da liege ich so still an dir
schon seit Äonen schweigend
ein nur für dich beredter Stein.

Wenn ich den Ort an deiner Seite
auch bald verlassen werde
so weiß ich doch, hier bleibt
ein kleiner Knutschfleck
auf der Haut der Erde.

Morgen im März

Schöner wär's, im Bett zu bleiben
doch nicht nach Wünschen fragt die Pflicht
und nach der Stechuhr nicht
die zugefrornen Autoscheiben.

Kratzen, Wischen, Händereiben
der Motor kommt nur schwer auf Touren
am Straßenrand im Nebeltreiben
setzt ein Hase Hoppelspuren.

Dorf und Weg im Dämmerlicht
und wo der Nebel langsam bricht
liegt braun das Land und weiß gefleckt
hält sich der Frühling dort versteckt.

Dann steigt die Sonne über Purpurhügel
es scheint, als ob der Himmel brennt
ein Krähenschwarm flockt schwarz am Firmament
aus Autoreifen werden Flügel.

Doch der Pförtner sieht sie nicht
die Werkssirene heult zur ersten Schicht
und vor den Toren der Fabrik
bleibt eine Spur von Glück zurück.

ER HOBELTE GERADE EINE HALBE GURKE

*Hunger, Durst
und komische Gefühle*

Banale Gelüste

Auf der letzten
seiner zwei Italienfahrten
sehnte J. W. Goethe sich
oft nach Christianes
Schweinebraten.

Was tut man nicht alles
aus Liebe

Er hatte eingekauft
extra was Gutes
zu essen besorgt.

Was trinken wir?
Weißwein, Rotwein, Bier?
Was trinkt man am besten dazu?

Er schnitt die Zwiebeln
kochte Kartoffeln
verbrannte sich beim Schälen
die Finger.
Er machte eine Marinade
aus Fleischbrühe
Essig, Salz und Pfeffer
gab eine Prise Zucker
und einen Löffel Öl dazu.
Er hobelte gerade
eine halbe Gurke
als das Telefon schrillte.

Sie war dran:
Ihr sei was dazwischen gekommen
sie könne leider doch nicht …
Na, schade, da kann man nix machen.

Oh dieses Weib!
lässt einen einfach hängen.

Zurück in der Küche:
Da hockte das Biest
mit gespreizten Beinen
auf der Spüle
am ganzen Körper nichts
als nackte Haut
und zwischen den Schenkeln
ein Riesenloch
wo man richtig reinschauen konnte.

Und dann noch
dieses provozierende
kopflose Grinsen.

Er ließ den Kartoffelsalat
Salat sein
nahm einen kräftigen
Schluck von dem Weißwein
und dann besorgte er es
dem Brathähnchen.

Der Eremit

Alles, was er brauche zum Leben
sagte der Einsiedler
finde er hier:
Gemüse im Garten
eine Ziege im Stall
ein paar Hühner
Holz genug für den Winter
und ein Dach auf der Hütte
nicht neu, aber dicht –
vor allem aber den Brunnen
der selbst im trockensten Sommer
nie ganz versiege –
und außerdem keinen, der komme
und seinen Frieden störe.

Alles, was er mir anbot:
Oliven, Käse, Tomaten
ein paar Eier und Brot
und seine bescheidene Weisheit
nahm ich dankbar an.

Erst der faulige Geschmack
seines frisch geschöpften Wassers
machte mich stutzig.

Wachauer Abend

still genießen
den goldnen Glanz im Glas
den bronzenen des Stroms
der träg durch sanfte Hügel zieht

versinken
im Wasser wie im Wein
sich spiegeln darin und ertrinken –
bleiben, wer und wo man ist

wie der Falke auf dem Fels
vom Federspiel sich
locken, gleiten, treiben lassen
wie der Reiher übers Tal zum Schilf
wie das weiße Schiff mit den Wolken

Wein und Fluss
wie sie zugleich
die Sehnsucht schüren
und den Durst des Leibes
und den Durst der Seele löschen.

Irrtum

Jeden Tag denk ich an dich.
Jeder weiß, wie man Pizza bäckt.
Jedermann kann jederzeit
mit dem Zug fahren.
Fast alle haben ein Auto.

Manche Tomaten sind überreif.
Man muss sie wegwerfen.

Schau, jemand steht auf dem Dach!
Niemand hat ihn jemals gesehen.
Er ist anders als die anderen.
Keiner kennt ihn.

Gleich wird er springen.
Aber nichts geschieht.

Es war nur ein Schornstein.

Kreislaufstörung

Überlagerung von Schwingungen
erzeugt verstärkt
Belagerung.

Pfeile gegen Angstschwalben
treffen Löcher
ins Himmelbett.

Da weint das Blau
und die Pupille lacht
schamrot.

Ein Wort
stumpf, aber stark
und der Kreis zerbröckelt.

Zweifelhoffnung
nährt Böllerschüsse –
das löcherlichste Wort
das ich kenne.

Baum der Erkenntnis

Ich habe vom Baum
der Erkenntnis gegessen.
Umgebracht hat's mich nicht
aber schlecht ist mir geworden.
Vielleicht war's doch nur
ein gewöhnlicher Baum.

Klassentreffen

Aus allen
so scheint es
ist etwas geworden.

Bin ich der Einzige
der geblieben ist
wie er war?

Wish I were stoned

Ich wollt, ich wär ein Stein
und hätte nichts zu tun
als einfach Stein zu sein
und in mir selbst zu ruhn.

Bildhaft

Ich ertrinke
in Bildern
wie mancher Tag
unter der aufgehenden Sonne.

Menschen
gieren nach Liebe
aus Herzen
die wie Mäuler klaffen.

Niemand wird
mit Worten vertreiben
den Himmel
den ich sehe.

Feuersalamander
Chamäleon und Känguru
beträumen staunend
einen Regenwurm.

So seid alle
Versuche dieser Welt
ein Leben abzuzwingen
zum Scheitern geboren.

Untersuchungshaft
im Vorgarten der Bilder
die wie Fühler
eine Wahrheit tasten.

Römische Reviere

Auf dem Forum Romanum
streunen die Katzen, stolzieren
mit hocherhobenen Schwänzen
und sonnen sich auf Säulenstümpfen.

Darüber, im Schatten
der Grünanlagen auf dem Kapitol
lauert die Stille.

Die Kater dort tragen kein Fell
und halten versteckt
ihre Schwänze.

Teufelsspiegel

Mein Spiegelbild
im Kerzenschein
zerfließt
und wird zur Fratze.

Bist du
wie du aussiehst
oder nur
meines Inneren
verschwommene Kontur?

Trinkspruch (Solo)

Glas, noch voll vor mir –
ich hab auf deinen Grund geschaut
und doch kaum genippt von dir
weil mir vor deiner Leere graut.

SISYPHOS AUS LEIDENSCHAFT

Lebens- und Überlebensgefühle

Vielleicht

bringen Menschen
die verändern wollen
was sie nicht ertragen können
es fertig zu ertragen
was sie nicht ändern können
wenn sie sich lieben.

Spätentbindung

Verdammt noch mal, das Kind
hängt ja noch immer
an der Nabelschnur –
muss sich erst noch
selbst entbinden.

Dann den Mund aufreißen, gierig
nach der neuen Luft schnappen
in einen einzigen Schrei
alles hineinlegen
was es zu sagen hat
zum ersten Mal
frei atmen.

Hurra! Das Kind bin ich
zum zweiten Mal geboren.

Wiedergeburt

Ob ich mich einmal
an meinen Tod
erinnern möchte? –
Nein, muss nicht sein.

Was mir da Hoffnung macht:
dass ich auch meine Geburt
vergessen habe. –
Nein, nicht ganz:

Einmal hab ich sie doch
wiedererlebt –
aber das war
als ich zu sterben glaubte.

Das Ende

Am Abend gehn die Lichter aus
und alle Leute gehn nach Haus.
Am Morgen sieht man sie wieder:
Sie singen traurige Lieder.

Denn in der Nacht da starben viele
die bei Tag noch fröhlich waren.
Jetzt stehen sie und schweigen
an ihren Totenbahren.

Und durch die Straßen schleicht ein Zug
von Menschen ohne Gesichter.
Doch keine Träne fällt herab
auf die schwarzen Roben der Richter.

Denn schon auf dem Weg ins Grab
sind auch die, die übrig blieben.
Im Todesurteil der Menschheit stand
auch ihr eigener Name geschrieben.

Die Guten sterben früh

James Dean war 24
            als er in den Tod raste
    Janis Joplin
Jim Morrison und
Jimi Hendrix gaben mit 27
            ihre Löffel ab.

Jesus war Anfang 30
            als sie ihn kreuzigten
    Bob Marley starb an Krebs mit 36
        Che wurde mit 39
John Lennon mit 40
            erschossen.

    Ich bin 42*
            und trotzdem ganz froh
            dass ich lebe.

** So alt war ich, als ich dieses Gedicht schrieb. Inzwischen
sind ein paar Jahre dazugekommen. Ich bin trotzdem noch
ganz guter Dinge.*

Sommersequenz

Siesta halten
im luftigen Schattengeflecht
der Douglasie
ihre korkige Borke im Rücken
während drüben im Hafergold
die reifen Rispen flimmern.
Nur ein paar blassgrüne Flecken
müssen noch bleichen.

Rau fühlt es sich an
unter den Fußsohlen
das frisch gemähte Gras, das Geißblatt
hat sich auf seinen langen Ranken
fast schon verduftet.

Aber die Bienen
die ausgerottet schienen
zu Hunderten umsummen sie
die spitzen, grünen Blütenkolben
im Essigbaumgewölbe.

Ein klebriger Tropfen
Harz auf dem Gartentisch
riecht wie das Pinimenthol
das Mutter ihrem erkälteten Kind
auf der Brust verrieb.

Von morgens bis zum späten Abend
leuchten aus der grünen Hölle
samtrot die Lichtnelkenblüten. –
Auf dem Waldfriedhof wartet
die Asche meiner Schwiegermutter
auf ihre Bestattung.

Nachts kühlt es kaum ab
ein Fenster bleibt offen, am Waldrand
zwitschert ein orientierungsloser Vogel
sich stundenlang einen ab.

Was fällt ihm ein? Geschenkt, auch mir
fällt vieles ein, wenn ich wachliege
doch halte ich den Schnabel.
Wie es ist, ist es gut.

Tiere sind anders

sie haben zum Beispiel
keine Friedhöfe, obwohl –
bei Elefanten gibt es welche.

Dort betasten sie die Schädel
der Verstorbenen
stecken ihre Rüssel
in leere Augenhöhlen
beschnuppern die Gebeine
und sortieren sie ein bisschen um
ehe sie weiterziehen
oder sich dazulegen
wenn es soweit ist.

Und Affenmütter gibt es
die schleppen ihr totes Kind
tagelang mit sich herum
obwohl es längst stinkt.
Tiere sind anders.

Wenn sie sich verletzen
jammern sie nicht lange
lecken ihre Wunden
stehen auf und tun
was nötig ist zum Weiterleben
oder sie sterben.

Nur wenn sie in der Falle sitzen
und nicht herauskommen
werden sie verrückt –
bei uns ist das normal
und die meisten verschwenden
keinen Gedanken daran.

Weiß nicht, was wäre
wenn es mich erwischt
aber aufstehn werd ich, solange ich
mich auf den Beinen halten kann
und wie ein Tier
das nächste tun, was nötig ist.

Die kleine Spinne.
Regen hat ihr Netz zerstört –
schon webt sie wieder.

Eiszeit

Der Frost kam heimlich über Nacht gekrochen,
schiebt unters Pflaster Buckel, bis es bricht,
das bunte Laub reißt von den Bäumen.
Wer Rheuma hat, spürts in den Knochen,
die Kälte kriegt die steifsten Kreuze krumm.
Man macht noch schnell die Fenster dicht
und bringt die letzten Fliegen um –
wer Ruhe hat, kann träumen.

Der Wind pfeift Spatzen von den Dächern
und alle Baustelln fegt er leer,
im Nu füllt sich das Arbeitsamt,
jetzt gibt es kein Schlechtwetter mehr,
rapide sinkt der Kontostand. –
An den Küsten treiben Tanker führerlos umher,
schwarz schwappt ihr Öl an Wellenbrechern –
was Flügel hat, verlässt das Land.

Nur Brummen kommt aus Wasserhähnen,
die Kinder quengeln rum und gähnen.
Schaut, wie der Sturm die Hecke zaust!
Der Winter wird mit harter Faust
die kranken Wälder lichten.
Die Toten frieren in der Erde,
was lebt, versammelt sich am Herde,
und ich hab Zeit zu dichten.

Ein Wind quält sich durch die Gedärme
und gibt die Angstbraut wieder frei.
Wer kann, erinnert sich an andre Wärme,
doch wie ein Lot aus Blut und Blei,
zieht es an Haut und Rinde,
wo winterliche Todesfurcht
unter Stein und Wurzeln lurcht,
dass sie dort Zuflucht finde.

Sarairgendjewo

Funkenflug
am Rand der Stadt
wo ihre Metastasen
nicht mehr nach grünen Hügeln greifen
wo auf der Weide
vielleicht einst ein Engel
die Schafe küsste
lässt mitten im Winter ein Kind
lässt seinen bunten Drachen
den Kampfjet seiner Sehnsucht steigen
im Kugelfang dort
unten zünden sie Holzstöße an
oder Häuser
um wieder etwas Wärme zu spüren
im Löwenzahngefieder
gehen die Granaten sanft
auf leere Felder nieder
Schlachtfelder und -höfe
vergessener Kriege – Mauern
und Menschenmusik
ritzt aus den Fugen – alles
nichts zu seiner Zeit
nur Staub, Rauch, Brand und Flammen
sieht ein Kind
das Kind
lässt den feurigen Drachen steigen
hoch fliegt er und steigt und flieht
an seiner Schnur
die kleine Seele nackt im Wind.

Das Gedicht entstand 1993 im zweiten Jahr der Belagerung der Stadt Sarajewo im Bosnienkrieg (1992–1995).

Klage 12773

Soll ich
zornig lodern
aus verletztem Ehrgefühl und stolz
trotzen den aufrechten Rattenfängern
der Mittelmäßigkeit mit ihren Tarnkappen
Krawatten, bebrillten Kohlköpfen
und versilberten Querflöten
auf den Schleim gehen
mit der Gelassenheit eines
Pillendrehers, Existenz
auf Exkrementen begründet?

Soll ich
Sisyphos aus Leidenschaft
bergabwärts rollend begraben
das Wissen um meinen Wert –
als Kopie eines Daseins hängen
in den Akten irgendeines Amtes?
Ich will dafür keinen billigen Trost
und den teuren erst recht nicht
denn ich verachte Verschwendung
und überflüssige Anstrengungen
zur Arterhaltung.

O ihr Affenahnen!
wärt ihr doch
auf euren Bäumen geblieben –
ihr könntet noch an Ästen hängen
und über eure Ärsche lachen.

Vogelfrei

Paradiesvogels Federkleid erblasst
eingezwängt aus Neid
Gefangener der Eitelkeit
durch Gitterrauten drängt
grad noch Tukans Schnabel passt.

Philosophiert zynischer der Papagei
hallt Glockenvogels Hilferuf
übertönt Verzweiflungsschrei
Gezwitscher außen
hüpft Spatzenschar auf Käfigvogelschatten –
dreckig, aber draußen.

Wer würde schon
unscheinbare Ameise
statt bunten Schmetterling
hinter Schaukastenscheibe bewundern
die Stubenfliege
weiß das, wenn sie lästig wird.

Laufrad dreht sich ohne Eile
Goldhamster sammelt Langeweile
während sein Feldkollege mühsam spart
Lebensunterhalt auf Körnerbank
die Freiheitszinsen zahlt.

Im schmutzigbraunen Bach
sieht Freiheit trüber aus
als durch Aquarienglases Klarsichtbrille –
doch was dort erreichbar lockt
ist hier nur Spiegelbild
Zierfischs stummes Echo.

Das Unkraut dazwischen
wächst sich frei und
Steine in die Enge, stärker
als alle Tulpen im Betonquadrat –
dem Unkraut hat noch niemand
Gefängnisse gebaut.

Züge der Nacht

Auf dem Bahnsteig war es still
nur leiser, weißer Flockenflug
in einer Nacht, die endlos schien
wie viele Winternächte
sitzt da ein Mensch, der seine Ruhe will
und wartet auf den letzten Zug
dass er ihn heimwärts brächte
zuhause wartet nichts auf ihn.

Die Wand, ihm gegenüber, weiß
mit blanken Schlachthausfliesen
ihr Bild durch seine Seele zieht
durch diese Welt der Zwänge
wie kalter Hauch aus Eis
von seitwärts hört man jemand niesen
wo er dann zwei zusammen flüstern sieht:
Liebende in einer sprachlosen Menge.

Er bleibt stumm auf seiner Bank
starrt müde auf das leere Gleis
und redet mit der weißen Wand:
warum ist diese Welt so krank
fahrn alle Züge nur im Kreis?
Er fragt sich, ob sie ihn erkennt
und warum denn niemand
kommt, ihn einen Narren nennt.

Während unter bleichen Schwingen
alles sanft begraben liegt
wenn, wer nicht allein im Bett
sich enger an den Nächsten schmiegt
und träumt von angenehmen Dingen
sitzt er am kalten Bahnsteig noch, wartet
und versteht es selber nicht
warum kein Schrei das Schweigen bricht.

Sorbas' Enkel

Bau 21:
Der gefährliche Grieche
tanzt den Sirtaki.

Viele haben Angst vor ihm –
er freut sich seines Lebens.

Im damals berühmt-berüchtigten Bau 21 – der Psychiatrie und Nervenklinik des Nürnberger Städtischen Krankenhauses – habe ich 1976/77 ein pflegerisches Praktikum absolviert.

Liebe, Lust und Eifersucht

Cybersprung

Sandra hat ihre Festplatte
gestrichen voll
seit ihr Freund sich
statt mit ihr
nur noch mit seinem
Computer beschäftigt
und nächtelang allein
im Internet surft.

Inzwischen hat sie
nebenbei einen anderen
ziemlich virtuellen Typen
mit dem sie sich heimlich
in Chatrooms trifft
zum Cybersex.

Die erste Nacht

Dein Apfel war eine Orange –
widerstehn konnt' ich genauso wenig.
Über den Zaun zu springen
hast du mir leicht gemacht
doch dein Blick fordert mehr
als ich dir geben kann.
Du sollst, du sollst nicht!
Deine Gebote sind mir neu –
ich werd sie nicht zu meinen machen.
Hör auf damit! Mach weiter!
Nachschüren soll ich
wo schon alles brennt.

Das Lachen in dein Kissen
ignoriert zwei schlechte Gewissen.
Du schmeckst süß
du schmeckst nach mehr.
Ich mag dich gut riechen
werd' deinen Duft nicht vergessen
will süchtig werden nach dir.
Eine große Tasse Kaffee zu zweit
und weiter, mehr
Abwechslung tut not, mal
was andres als das tägliche Brot.

Die Kerzenflamme zuckt
sie konkurriert mit dir.
Es tut schon weh, jedoch
auch Schmerz kann man genießen.
Ich vertrag nicht mehr, das Licht
ist kaum noch auszuhalten, doch
wir wollen weitermachen.
Ja, sie hat Spaß gemacht
ist viel zu schnell vergangen
die erste lange Nacht mit dir.

Am Morgen danach

Eins, zwei, drei, vier
ich will nur ein Fläschchen Bier
fünf, sechs, sieben, acht
noch 'nen Schluck auf letzte Nacht
gluck, gluck – gluck!
neun, zehn, elf, zwölf:
Aufgewacht!

Ach, lass den Vorhang lieber zu
der Tag ist grau und trüb
die Sonne lacht heut nicht
doch dafür ich und du
im Bett und auf dem Boden
haben wir uns lieb – juhu!

Dann gehts weiter unterm Küchentisch
dass der Staubsauger daneben
fast platzt vor Neid
und schnappt nach Luft
und einem kleinen roten Plastikfisch
der in der Pfanne auf dem Herd brät
und brutzelt vor sich hin und schreit
vor Schmerz und Lust am Leben:
Isch liebe disch!

Alles andere ist nicht so wichtich
Hauptsache, es reimt sich.

Rustikale

(Erinnerung an eine alte Liebe
angesichts einer sonnabendlichen Rehkuh)

Bist du das Reh
das aus dem Dunkeln kam
hat dich der Fuchs geholt
begockelt dich der Hahn?

Ist deine Leber noch intakt
oder hat die unausweichliche
Zirrhose dich gepackt
du Unvergleichliche?

Dort zieht die Rehkuh
mit zwei Kitzen
sie stehn schön stramm
wie in memoriam deine Zitzen.

Da, ein Schuss, ein porentiefer Knall …
ein Jäger hat sich rasch entladen
der Ochs lässt einen fahrn im Stall
Erleichterung und wenig Schaden.

Tags drauf die Buße auf der harten Bank
drei Halbe, ein Introitus
ich aber lass den Schlips im Schrank
und lobe mir den Koitus.

Salome in Slip und BH

Piazza degli Uffizi, Florenz:
Zwei Dutzend Kunststudenten
sitzen tagsüber dort
hinter ihren Staffeleien, warten
und zeichnen gegen Bargeld Touristengesichter.
Nebenan, in den Kolonnaden der Uffiziengalerie
verkaufen kurdische Händler
an ihren Ständern Kleider
Andenken und billigen Schmuck.

Nachts aber, wenn die Kunstbesucher
in den Hotels und Wohnmobilen längst
von Botticelli
und der Venus in der Muschel träumen
sitzen wir bei Rotwein und Bier auf den Stufen
ein Schillum kreist, fast alle sind schon
ziemlich bekifft, einer spielt Gitarre
ein anderer kitzelt die Bongos.

Auf einmal fängt
diese dunkle, rassige Kleine
im Zigeunergewand Feuer
fängt einfach an, sich auszuziehen:
Schal und Schultertuch erst
dann Schuhe und Strümpfe
und alles ganz langsam
im Takt der Musik
dann auch ihr Hemd
und angefeuert von wilden
Blicken und Trommeln
den Rock.

Ich traue meinen Augen kaum
als sie mit Schlangenarmen
tanzt wie Salome
in Slip und BH.
Ein hagerer Typ springt plötzlich auf
ruft: „Lass das sein, Gina
und führ dich nicht auf wie eine Hure!
Du weißt doch genau
dass du nicht schön bist
wenn du dich ausziehst."

Gina trotzt und tanzt weiter
da zerrt er sie unsanft beiseite.
Eine Weile streiten sie
dann gibt sie nach
zieht ihre Sachen an
und setzt sich wieder.

Die Stimmung war futsch und
ich fand nicht, dass er recht hatte.

BEIM BLICK AUS DEM KELLERLOCH

Ohnmacht, Angst und Mitgefühle

Mancher entdeckt erst
beim Blick aus dem Kellerloch
dass dort jemand wohnt.

Florenz, Piazza della Signoria

An einem anderen Abend
machte die Polizei mal wieder
eine kleine Razzia.

Während die einen
Ausweise kontrollierten
und Taschen durchwühlten
verschwanden zwei andere
hinterm Bretterzaun einer Baustelle
bei der Loggia dei Lanzi
– ich dachte zum Pinkeln –
doch kurz darauf kamen sie
schon wieder heraus
mit ihren Maschinenpistolen im Arm
und einem kleinen Jungen
ein Ausreißer vielleicht
der sich wohl zum Schlafen
zwischen den Marmorstatuen
verkrochen hatte.

Ein kleiner Junge
mit erhobenen Händen
führten sie ihn ab
wie einen Schwerverbrecher.

Als die Polizisten ihn
zu den anderen Delinquenten
in ihren dunkelblauen Transporter luden
rief einer: „Mamma mia, was haben die Angst
vor so einem Kind!"

Gott sei Dank taten alle dann so
als hätte es keiner gehört.

Nach der Kettensäge

ist jedes Wort zu viel
Lärm
um nichts
zu versäumen
am Feierabend
läuft im Fernseher
– ohne Gehörschutz –
ein Fußballspiel.

Nach ein paar Minuten
fällt das erste Tor
ich schalte ab
was ist schon
(Ruhe endlich …)
das Geschrei über ein Foul
gegen das Kreischen der Säge im Holz
die Aufregung um einen Elfmeter
gegen das tausendfache Zwitschern
der Kettenglieder?

Während ihr Saft wie Tränen
von den glatten Stümpfen tropft
der Jubel um ein Tor
gegen die Trauer
der gefällten Weiden.

Aktenzeichen XY

Als ich so fünfzehn, sechszehn war,
hab ich's manchmal angeschaut:
Ede Zimmermann im Zweiten
auf Verbrecherjagd.

Mich dann nachts um Elf
kaum noch aus dem Haus getraut:
im U-Bahnhof, im Fußgängertunnel
hinter jedem Busch am Fahrradweg
konnte einer auf dich lauern –
sogar im eigenen Zimmer
hinter der Tür oder unterm Bett.

Wie muss es da erst
einem Verbrecher gehen?

Stell dir vor, du sitzt ganz ruhig
und ahnungslos in deinem Versteck
denkst an nichts Böses, deine Steckbriefe
hängen längst vergilbt in den Polizeiwachen
du willst dir einen gemütlichen Abend machen
schaltest die Glotze ein, legst die Beine hoch
und da schaut dir auf einmal vom Bildschirm
deine eigene Gangstervisage entgegen
dass dir das Bier in der Flasche gefriert
und du hörst von deinen Schandtaten
dass du vielleicht ein paar alte Leute
durch einen gemeinen Trick um ihre Ersparnisse
oder kaltblütig jemand umgebracht hast
und jeder weiß es jetzt, und auch
wo man dich zuletzt gesehen hat …

Da kann man doch nicht mehr ruhig schlafen –
da kannst du doch den Koffer packen!

Stell dir vor, ein Politiker
der was ausgefressen hat
würde so gejagt werden.
Was der wohl dazu sagen würde?

Ach, Blödsinn!
Die Gesichter von denen sieht man ja sowieso
jeden Tag im Fernsehn und überall, sogar
wenn sie nichts ausgefressen haben.

Die habens auch nicht leicht
in ihrem Beruf.

Der Gang

Endlos lang
doch Anfangs Enge
ahnt die Angst am Ende schon.

Klappern, Scheppern, Kratzen
dringt aus der Verschlossenheit
wo die Verzweiflung
eine nach der andern
Einheitseintopf löffelt.

Stimmenwirrwarr
Worte ohne Ziel
und ohne Sinn für ihn
wohin?

Die Türen, tiefe Wunden
feindlich gegenüber klaffen
runde, schwarze Löcher drohen
Blicke immer enger gaffen
oder starrn ihn an
wie Schlangenaugen.

Geschirr klirrt
anders, blechern, fremd
und fern von hier –
Ruhe dann.

Nur Schritte hallen
einer stiefelfest, der andre
schwach und müde
Blicke auf dem Boden wandern
wo vor fremden Füßen
Fliesen glänzen

matt und hart
und immer mehr
eine nach der andern.

Salmiakdunst
steigt in die Nase
füllt den Gaumen trocken
Zungeschlucken
beißt zähneknirschend Tuben auf
und füllt in enge Kelche
bis zum Ersticken
Salzgeschmack –
doch alles sauber!

Zweifellos
wohnt dort die Angst
wo selbst der Stein
das Schweigen spiegelt
wo die Stille schreit
dass taube Ohren schmerzen
bis der Schädel dröhnt.

Auch die Augen brennen bald
im Neonlampenlicht
gaukeln Fenster Freiheit vor
und wo ihr grauer Schleier bricht
trüb und schwach
der Sonne Gruß
dir gilt er nicht
nur noch verschwommen
Stangenschatten
warten schon
auf dich.

Schweres Echo
Schließen einer Tür
tausendmal
schnappt das Schloss
nach mir.

Schlüsselbundschlagen
Schritte wieder
weiter
weg …

Alleine nun mit ihr.

Monotonie

Zwei Eulen sitzen stumm
auf einer Stange.

Ich frage mich, warum?
Vielleicht sitzen sie schon zu lange.

Ein elender Faulenzer

und Herumtreiber ist er
beklagt sich die Frau
über ihren Lebensgefährten.
Den ganzen Tag liegt er nur
faul auf der Couch
wenn er sich nicht gerade
auf meine Kosten
den Bauch vollschlägt.

Nachts aber, wenn ich schlafen will
kommt er zu mir ins Bett und
gibt keine Ruh, bis er genug hat –
oder ich ihn rauswerfe – weiß der Teufel
wo er sich dann rumtreibt.

Ab und zu reichts mir aber echt
wenn er mal wieder mitten in der Nacht
irgend so eine verhuschte Maus anschleppt
die er unterwegs aufgerissen hat
und mit ihr in mein Schlafzimmer will.
Die fliegt dann aber raus, im hohen Bogen
und er gleich hinterher.

Manchmal bekomm ich trotzdem
Mitleid mit ihm, wenn er so rumhängt und
mich anschaut mit diesem depressiven Blick
und wartet, bis ich ihn am Hals kraule.
Vielleicht, so denke ich dann oft
trauert er ja seinen Eierchen nach
mein armer schwarzer Kater.

Ich mein' ja nur

Du sagst doch bloß
Er hört nicht zu
Sie fängt an zu würgen
Es ist zum Kotzen
in der Glotze läuft
der besondere Film
vor der Glotze
ein ganz gewöhnlicher.

Ich versteh dich nicht
Du verstehst mich nicht
Wir verstehn uns nicht
Ich liebe dich, unregelmäßig
herunterkonjugiert
dabei kennen sie sich
doch schon so viele Jahre
so viele Missverständnisse lang.

Ich schrei hör auf
Du schreist hau ab
Er springt auf, holt aus
der Küche ein Messer
Kleenex und einen Lappen
Sie würgt weiter
Unverdautes kommt heraus
Es stinkt.

Sie kotzt
die Katze hat auf den Teppich gekotzt
Er wischt es auf
Sie geht ins Bett
Es ist vorbei
Wir verstehn uns nicht
Ihr könnt mich mal
Sie gehn sich aus den Augen.

Du hast ja bloß gemeint
Ich hab doch nur gesagt
Ich versteh sie schon
die Katze.

Fremd sein

Manchmal
allein unterwegs im Auto
nehm ich Anhalter mit:
Ausländer oft
Asylanten
auch Schwarze.

Ein Stück weit
fahren wir gemeinsam
in die gleiche Richtung
und jeder spürt
die Solidarität
des anderen.

Pflicht, Schuld und religiöse Gefühle

Die Pflicht ruft

Tage gibts
da möcht ich ihnen am liebsten
alles vor die Füße werfen
was sie von mir erwarten
und ihnen ins Gesicht schreien:
Macht euren Mist doch selbst!

Einfach alles liegen lassen
abhaun – weit weg
und tun, woran ich Freude hab
worauf ich stolz sein kann.

Aber dann, wenn ich nachdenke
kommen mir Zweifel
ich frag mich
ob sie es nicht vielleicht
besser mit mir meinen
als ich selbst.

Denk nicht nach!, ruft die Pflicht
Mach einfach weiter! Und dann
bleibe ich und mache weiter
bis ich eine Antwort finde.

Am siebten Tag

Mit aufs Volksfest soll ich gehn,
weil es Frau und Kind gefällt.
Doch hilft kein Drängen und kein Flehn:
Heute steht mir nicht der Sinn
nach Schubiduba, Blasmusik und dem Gedröhn
von Karussells und Geisterbahn
und andrer Folter für viel Geld,
wo ich dann schon erleichtert bin,
wenn ich im vollen Bierzelt
diesem ganzen Massenwahn
mal kurz aufs Klo entkommen kann –
dabei wär's daheim so schön.

Im Garten gäbs genug zu tun,
doch heute lass ich alles
ruhn und wachsen wie es will –
Hauptsache, es wächst schön still.
Heut ist der Fall des Falles,
wo ich die Nachbarn ignorier,
wo ich keinen Freund mehr hab
und die Familie lieber dort als hier;
wo ich allein die Katze dulde,
die mir meine Ruhe lässt
und der ich keine Auskunft schulde,
warum der Herr heut Trübsal bläst.

Denn gegen jede Tat und alle Sachen,
die auch mir sonst Freude machen;
gegen alles Soll- und Muss-man-tun,
gegen Arbeit, gegen Lachen,
bin ich heut immun.

Faul auf dem Sofa liege ich
hier ohne Zwang und Ambition
bei einem dunklen Weizenbier –
und genieße ganz allein für mich
die kleine Sonntagsdepression.

Freundliche Mörder

In dem Land
wo das Rauchen in öffentlichen Gebäuden
sonst streng verboten ist
war man großzügig:
Er durfte rauchen
seine letzte Zigarette
bevor man ihn töten würde
ihn, der 17 Jahre zuvor
selbst einen Menschen umgebracht hatte.

Seitdem ließen sie ihn schmoren
hinter den Gittern der Todeszelle –
Gitter, die Mörder trennen:
die, die bestraft werden
weil sie getötet haben
und die anderen
die bezahlt werden dafür
dass sie töten dürfen.

Der Verurteilte
hatte Zeit zur Reue
in all den Stunden und Tagen
die er zwischen den Wänden verbrachte
mit dem Tod
als einzigem Zellengenossen.
Er ist vielleicht ein Anderer geworden –
seine Richter nicht.

Aber alle sind sehr nett:
Es gibt Kaffee und Kekse
oder Cola und Käsesandwiches
für die Zeugen der Hinrichtung.
Auch der Kandidat hat die Wahl:

Giftgas oder Todesspritze
und vorher noch
ein letztes Rührei mit Schinken
letzte Zigarette, Letzte Ölung
dann läuft alles wie geschmiert.

Letzte Worte
in klinisch reiner Atmosphäre
der letzte Herzschlag Punkt 2O Uhr …

- - - - - - - - - - ---

Sie töten nicht aus Leidenschaft
    Angst, Habgier oder Hass
    und schon gar nicht im Affekt.

Sie töten im Auftrag ihres Staates
    und weil ihr Beruf es verlangt.

Sie töten mit dem Bedauern eines Lehrers
    der seinem Schüler eine Sechs gibt.

Sie töten mit dem Pflichtgefühl einer Politesse
    die einen Parksünder aufschreibt.

Sie töten gewissenhaft, wie ein Finanzbeamter
    einen Steuerbescheid erstellt.

Sie töten mit der Routine eines Chirurgen
    der einen Blinddarm entfernt.

Sie töten mit der Fürsorglichkeit einer Mutter
    die ihrem Kind einen Schal um den Hals legt.

Am Sonntag
besuchen sie den Gottesdienst
und können die Zehn Gebote
auswendig hersagen.
Sie glauben
sie sind keine feigen Mörder
keine eiskalten, gnadenlosen Killer –
glauben sie.

Zur Hinrichtung von Karl LaGrand am 24. Februar 1999 in Florence, Arizona, USA. Am 18. Juni 2010 wurde in den USA zum ersten Mal seit 14 Jahren wieder ein Mensch durch ein Erschießungskommando hingerichtet.

Juristen

Sie geben einem
Staub zu fressen
wo man Recht und Wahrheit sucht.

Sie tischen dir
Worthülsen in Paragrafenbrühe auf
und erwarten, dass es schmeckt.

Sie leihen dir sogar
ein Paar hölzerne Krücken
für den Weg durch die Instanzen.

Sie nennen dich aber naiv
wenn du zu fragen wagst
wo denn die Gerechtigkeit bleibt.

Sie schütteln deine Rechte
und hinter der Tür den Kopf –
vielleicht lachen sie sogar heimlich.

Du bleibst draußen
und solltest wissen:
Es ist nur ihr Beruf.

---

*Gerechtigkeit ist nicht, was wir selbst dafür halten, sondern
was die anderen als gerecht empfinden.*

Kalávrita

Stein in meiner Hand
Andenken
vom Grab eines Griechen.

Zwischen den Zypressen
Stille …
lastet auf dem Hügel
mit dem weißen Kreuz
und der schönen Aussicht
auf die Berge Achaias
und den Ort Kalávrita.

Steine, Marmorkreuze tragen Namen
Tage der Geburt und
auf fast allen gleich
das Datum des Todes:
13.12.43, 13.12.43, 13.12.43 …

Die Männer liegen hier
niedergemäht in Garben
aus deutschen Maschinengewehren.
Frauen, Greise, Kinder
in der Schule zusammengetrieben
und beinah mit dem Ort verbrannt
von deutschen Soldaten – namenlos
in der Ausführung ihres Befehls:
Säuberung und hundertfache Vergeltung
für Geiseln, von Partisanen erschossen.

Es gibt wieder Leben in Kalávrita
und Touristen – auch deutsche
genießen den Kaffee
im Schatten der Platanen.

Nur die Kirchturmuhr
zeigt nach wie vor
vier nach halb drei
seitdem sie damals
stehen blieb im Feuer.

An den Tischen der Tavernen
die Griechen, wissen sie
dass ich, der Sohn
nicht schuldig bin?
Sie schweigen …
doch ihre Blicke folgen mir
und fragen noch immer
Warum?

Der Stein in meiner Hand bleibt stumm.
Hätt' ich ihn dort liegen lassen sollen? –
Nein, er hat auf mich gewartet.

Wer ihn aufs Grab legte
weiß wohl mehr von dem Toten
hat ihn vielleicht berührt
kannte die Opfer und hat
ihre Mörder gesehen.

Mich berührt der Stein
der schwerer wiegt als andere
Steine und die Hand, die ihn entfernte
ihn euch zu zeigen
den stummen Zeugen
eines unbekannten Griechen.

Sein Vermächtnis, dieser Stein sei es
in meiner Hand und in den Herzen
mit dem leichten Gedächtnis.

Frohe Botschaft?

In der Kantine
starrt er dir auf den Teller
mit hungrigem Blick.

Am Straßenrand
bei der Fahrt übers Land
ignoriert er die Aussicht,
schaut nur zu Boden.

Und was hat er angestellt,
dass er im Klassenzimmer
in der Ecke herumhängt?

Im Gerichtssaal
schaut er auf einen herab.
und lehrt die Schuldigen das Fürchten.
Ein Plädoyer für die Todesstrafe? –
Obwohl längst abgeschafft?

Als Warnung, Drohung? – Wofür steht er
der ständige Wink mit dem Kreuz?
Welche Botschaft soll
der geschundene Leib verbreiten?

Die Römer nahmen ihn
nach seinem Tod vom Kreuz
seine eigenen Anhänger lassen ihn
seit Jahrhunderten dort hängen.
Womit hat er das verdient?

Was, wenn man ihn
nicht gekreuzigt, sondern
gehängt oder enthauptet hätte?

Ließe man ihn dann noch immer
am Galgen baumeln oder stellte
Kopf und Rumpf getrennt zur Schau?

Wozu dient ein Hinrichtungsinstrument
als Symbol des Glaubens?

Seht her, so enden
die nicht glauben
was sie glauben sollen!
Wer den Mund aufmacht
und sich gegen uns stellt
dem ergeht es wie dem da.

Also legt euch nicht an mit den Mächtigen!
Stellt euch nicht gegen die Ordnung!

Das Wort zum Rosenmontag

Weil wir Deutschen
nicht ungezwungen sein können
gibt es den Fasching.

Da müssen wir es sein.

Sehnsucht und Frühlingsgefühle

Erste Frühlingsluft

wie gierig ich sie damals
nachts, allein auf dem Balkon
in meine Nase sog

wie sie die Träume weckte
von hellen Tagen
und langen, warmen Nächten
an einem dunklen Meer

wie der Wind mich mit sich zog
und meine Hände zwang
nur schnell das Nötigste
in den Rucksack zu packen.

Heute hab ich wieder gespürt
wie er mit alter Kraft
an meinen Wurzeln zerrt:
ihr Sehnsuchtsduft.

Spring in My Exotic Homeland
(Frühlingseinbruch, exotisch)

Morgendliche Mondlandschaft
mondbelichtetes Morgenland
mit energiesparsamer Lichtgestalt
da leuchtet nicht einmal die halbe
Sichel scharf, Ausstrahlung kalt
und meinen Blick streift keine Schwalbe.

Es liegt nicht an der Vogelgrippe
der Sommer ist noch weit, oder?
riecht es draußen nicht schon immer
mehr nach Blüten als nach Moder
und umflort nicht grüner Schimmer
die fahlen Baumgerippe?

Kein Grund für Überschwang
man braucht etwas Geduld
die Zeiten sind im Übergang
es ist nicht meine Schuld
ob es noch von unten friert
oder schon von oben taut.

Es hat noch jedes Jahr geklappt!
Schatten legt sich wie ein langes Tier
in den Zuckerguss der großen Wiese
am alten Laub, das an den Eichen pappt
rupfen Baumgiraffen, Zapfen fallen
in der Fichte jagen sich zwei Eichelaffen.

Waldantilopen grasen auf der Kuhsavanne
recken ihre Puderquasten
fürchten nicht den Löwenzahn
und eine Katze aus orangem Licht
streicht ums Haus auf unsichtbaren Pfoten
nein, hier herein kommst du noch nicht.

Heimweh nach Nürnberg

Nach zwei Wochen in dem trocknen Land
wie ein Trugbild überm heißen Sand:
die Palmengärten von Tozeur.*
Kuskus, Kamele und Pfefferminztee,
wie ein Tonband plärrts von der Moschee,
drei Nächte dröhnen Trommeln und Dattellikör.

Doch ich hab Riesen-Weißbierdurst
und Appetit auf Schweinsbratwurst,
möcht ein paar Worte hör'n in meiner Sprach',
im Schatten sitzen unter spitzen Giebeln
bei Presssack mit Musik und Zwiebeln
und Kirchweihlärm – auch, wenn ich's sonst nicht
mag.

Geschmack von Griebenschmalz auf schwarzem Brot,
ein feuchter Erdgeruch und grüne Küh' im Abendrot –
ich träum' mir Wolkenberge übern Schott,
das Herbstlaub rauscht und fliegt im Sturm,
ein Glockenschlag vom Zwiebelturm,
und ein Nomade sagt: Grüß Gott!

Beim Heimweg dann, auf dem Piazzale Michelangelo:
Sein bleiernes Band zieht der Arno
wie Blattgold jetzt zur Sonne hin.
Am Horizont verfließt die Farbenpracht,
und mit Scheinwerferaugen steigt die Nacht
vom schwarzen Hang des Appennin.

---

* Tozeur: Oasenstadt am Schott el Dscherid, einem großen
Salzsee im Süden Tunesiens

Ich denk an meine Vaterstadt,
wo die Pegnitz ihre Brücken hat,
wo zwischen Sebald und Sankt Lorenz
in lauen Nächten manchmal eine Luft
vom Burgberg weht mit einem Duft,
als wär's im Urlaub in Florenz.

Mit dem Heimweh ist's ein Kreuz:
Ist man daheim, ziehts einen fort –
und wenn man fort ist, zieht es einen heim.

Haiku:

Die Zweige knospen
und ihrem Namen Ehre
machen die Vögel.

Die Nachtigall singt.
Wer schlaflos ist, lauscht:
Solidarische Mainacht.

Ein Krötenglucksen.
Wenn sie wandern riecht die Nacht
nach frischer Farbe.

Sommernachts-Tanka

Stille, laue Nacht,
wo das Schilfrohr silbern schweigt
zum Glühwürmchentanz –

wenn Gedanken, Wellen gleich
weit über Wasser wandern.

Ja, das „Sommernachts-Tanka" ist schon richtig geschrieben.
Beim Tanka (Fünfzeiler mit 31 Silben) handelt es sich – ebenso
wie beim Haiku (Dreizeiler mit 17 Silben) – um eine japanische
Gedichtform. Die Glühwürmchen tanzen also nicht unbedingt
Tango.

Tor des Südens

Regenbogenduft
wenn du einmal wiederkommst
denk an mich
in grauer Kälte
lass mich nicht allein.

Deine Sterne zeig mir
wenn die Schwalben wieder ziehn
nimm mich mit
lass diese Luft
auch meine Lungen fülln.

Lass deinen Wind
durch meine Haare wehn
gib mir die Kraft
dich noch zu lieben
wenn wir uns wiedersehn.

VON DER MUSE GEBISSEN

Sprachgefühle, spezifisch poetische

Künstlerpech

Ein Netz hab ich geknüpft
mit feinen Worten
dich zu fangen und
Schmeichelköder ausgelegt.

Einen Anderen
hast du erhört, der dich
mit blankem Haken lockte
und mit groben Fesseln fing.

Da sitz ich nun
und flick mein Netz
mit flinken Fingern, die Köder
hab ich anderswo entsorgt.

Selbst der genialste Dichter kann sich seine Verse und Ideen nicht immer eigenmündig aus den Fingern saugen. Manchmal wird er dabei auf die Hilfe seiner Muse angewiesen sein – eben davon handelt das folgende Gedicht:

Immer Ärger mit der Muse

Ein paar Mal in der letzten Nacht
bin ich aus Träumen aufgewacht.
Die Bilder war'n noch frisch im Kopf,
die Muse ließ mir keine Ruh –
flüsterte mir Verse zu.
Pack die Gelegenheit beim Schopf!
und schreib es auf, hab ich gedacht;
doch ehe Hand und Stift sich trafen,
war ich wieder eingeschlafen.

So kam es, wie es kommen musste,
dass ich am Morgen nur noch wusste:
die Träume war'n seltsam, die Verse genial.
Ich hab sie vergessen, aber egal:
Hat mich doch heut noch vor acht Uhr
schon wieder die Muse geküsst
und diesmal bei vollem Bewusstsein, nur
leider an der falschen Stelle.
Meine Muse, müsst ihr wissen, ist
halt keine Intellektuelle.

Als sie später noch mal kam,
da war ich nicht empfangsbereit,
was sie mir wohl übel nahm,
denn nachmittags, als ich es mir
schön gemütlich machen wollte mit ihr,
da meinte sie nur: Tut mir leid,
jetzt hab ich mal keine Zeit!

Kaum gesagt, schon war sie weg,
vielleicht um jemand anders zu beglücken? –
Musen sind wie Malariamücken:
Ihr Fieber kommt, ihr Fieber geht –
wie's um den Infizierten steht,
das schert sie einen Dreck.

Du Mistmatz von Muse, du treuloses Biest!
kannst mir mal gestohlen bleiben.
Auch ohne deinen Kuss, dein Doping,
werd' ich meine Verse schreiben.

Doch der Schreibknecht steht bloß auf dem Blatt
herum, wie ein Soldat, der mitten in der Schlacht
den Krieg vergessen hat.
Erst will er sich gar nicht regen,
dann – aus reiner Niedertracht –
malt er Männchen, die sich auch nicht bewegen.
Und die Seite, die leere, will sich nicht füllen –
es ist zum Zettel zerknüllen!

Aber wart' mal, halt! – draußen rührt sich was:
Eine Autotür hör ich und sehe eine Hand,
die nach dem Briefschlitz fasst.
Ich lass mein Elend stehn und liegen –
vielleicht bringt sie Hoffnung, Geld, Vergnügen!
Doch alles, was ich zwischen Werbemüll fand,
war eine Rechnung vom Bücherversand.

Ach, Muse, warum hast du mich versetzt?
Wo bist du, wen küsst du und warum nicht mich?
Bitte, lass mich nicht im Stich,
ich brauche dich doch – jetzt!

Da, plötzlich, wie von Geisterhand
beginnen Worte auf dem Blatt zu sprießen.
Ich sitze da und schau gebannt
zu, wie die Verse fließen.

Als der Rausch vorbei gewesen,
hab ich mit Neugier alles durchgelesen.
Es war, ihr könnt es ruhig wissen,
ein Haufen ungereimter Mist –
die Seite hab ich schnell zerrissen.

Na danke, Muse, dass du zurück gekommen bist,
auch wenn du mich diesmal nicht geküsst
hast, sondern gebissen.

Geständnis

Ich hab deine Gedichte gelesen
gestand sie mir
ganz ernst.

Sie sind mir zu düster.
Irgendwie deprimierend.
Dabei bist du doch gar nicht so.

So ist das: Die einen
lesen meine Gedichte
und denken
sie kennen mich
obwohl sie mich nie
kennengelernt haben.
Die anderen kennen mich
aber lesen die Gedichte nicht
weil sie denken
sie kennen mich
doch schon.

Ich kenne jetzt jemand
der mich kannte
meine Gedichte gelesen hat
und mich seitdem
nicht mehr kennt.

Wenn das so weitergeht
könnt ihr mich alle mal
kennenlernen.

Schädling

Am Rande des Dorfes
der Gemeinschaft
mit den holzgeschnitzten Regeln
existiere ich
geachtet
wie der Borkenkäfer.

Richte mich
ein unter der Rinde
folge dem Klopfen
der inneren Stimme
und hinterlasse krumme Fährten
wo Furnier gefragt ist.

Mag sein
man wird irgendwann
mir ein Denkmal errichten
doch darauf … heute ich
und morgen die Tauben.

Dichterlos

Eine gute Dichtung lässt nichts durch –
der Dichter dichtet von innen nach außen.
Sein Werk sollte durchlässig sein
die Wortkombination kompatibel
der Schlüssel unterm Versabstreifer liegen.

Das Vorstellbare öffnet dem Möglichen die Tür
ein Stressbild sucht sein Spiegelwesen.
Die Wahrheit ist wie hundert Asseln –
der Dichter hebt den Stein
er wirft ihn nicht.

Er macht sich einen Reim
liefert unterm Strich
Summen von Unberechenbarem.
Dem obdachlosen Wort gewährt er Asyl
und ein Taglager den entnachteten Träumen
schafft dann und wann mit leichtem Versfuß
den schweren Sprung von Herz zu Herz
die flüchtige Zuflucht im Andern.

Die Wortpapierstapelverwalter aber
verweigern ihm den Börsengang
solange der Marktwert beharrlich
im Keller, Wahrer der Wortschätze
hüte dein Sprachbiotop wie deine Kinderzunge
die dir täglich lustvoll neue Leiden formt.

Das große Los gezogen?
Nein, nur das Dichterlos –
besser als nichts.

Form und Sinn – Dialog mit dem lyrischen Du

Ein Dichter bin ich, Du glaubst es wohl,
doch was sich reimt, erscheint Dir manchmal hohl
und höchstens schön dahingeschwätzt? –
Wie meinst Du das? Begreif' ich's jetzt:
Die ganze Reimerei von Herz und Schmerz
ist doch schon lange völlig out
und taugt noch bestenfalls zum Scherz.

Prosaisch wird heut' satzgebaut
(auch wenn es einem Schiller graut,
und der Geheimrat Goethe greint)
heut' sagt man deutlich, was man meint,
zum Beispiel: Willst Du mit mir schlafen? –
Obwohl, da liegt dann auch nicht ganz der Sinn,
zieht's mich doch eher zu Dir hin,
wenn ich bei Bewusstsein bin
und nicht beim Zähl'n von Schafen.

Lass mich ran an Deine Haut!
Gut, das klingt schon eher „in",
wenn auch nicht gerade lyrisch
(darauf find' ich keinen Reim),
aber Du merkst schon: Isch bemüh' misch.

Worauf wollt' ich eigentlich hinaus? – Mensch,
das hab ich ganz vergessen.
Ich glaub', ich geh jetzt lieber heim.
Kommst Du mit? Ich zeig Dir meine Ranch!

Ach ja, was ich sagen wollte, war nur das:
Egal, ob's prosat, leiert oder dichtet,
Hauptsache, es macht Spaß.

Reimer und Dichter

Die Reimer und die Dichter,
die hab'n die dümmsten G'sichter.
Manchmal hört man von Ignoranten
diesen Spruch, den sie nicht selbst erfanden.

Bravo, sag ich dann, gut rezitiert! –
Doch wer sich derart ungeniert
mit blöden, fremden Sprüchen schmückt,
der hat ein Hirn wie Hohlblockziegel –
und anscheinend auch noch nie im Spiegel
sein eigenes Gesicht erblickt.

Wer einen Dichter ärgern will,
der packt ihn bei der Eitelkeit –
Doch, Vorsicht!, Dichter haben schnell
so manchen bösen Vers bereit.

Von Kommas und Kröten

Einmal gab ich einem Freund, der Germanist
und dazu noch Lehrer ist,
einen Text von mir zu lesen.
Um Kritik hatt' ich ihn nicht gebeten
(die Geschichte handelte auch nur von Kröten),
drum, als er fertig war und nickte,
da dachte ich, das wär's gewesen –
bis er dann doch noch kritisch blickte.

Sein Finger wies mir gleich darauf
die Stelle mit der fatalen Fehlerquelle:
„Das Krötenmännchen", las er, „ließ nicht los,
obwohl das Weibchen eigentlich zu groß war und
auch das zweite Männchen gab nicht auf."

Ob mir denn nicht aufgefallen sei,
bemerkt die durchtrainierte Lehrerseele,
dass dort vor „und" das Komma fehle? –
Das „zweite Männchen" stelle doch dabei
– wie ich sicher auch erkenne –
ein eigenes Subjekt dar, woraus folgt,
dass man den Satz durch Komma trenne.

Ich war bestürzt, er hatte recht:
So ohne Komma kommt's formal ganz schlecht;
die Gliederung stört's kolossal –
das Chaos der Subjekte ist total.

Ich schämte mich seitdem enorm
für meinen kommalosen Leichtsinn –
doch jetzt rehabilitiert mich die Rechtschreibreform:
lässt mir – in diesem Fall – beim Komma freie Wahl.

Den Kröten war das ohnehin
von Anfang an egal.

Das Gedicht zur Rechtschreibreform von 1996 und über die Tücken der Kommasetzung bei mehreren Kröten erschien im November 1997 in der – inzwischen untergegangenen – Fachzeitschrift für Literatur und Kunst „Der Literat".

Bilder aus meiner Natur

Schau mal, der Apfel da
sieht noch ganz gut aus!
– Lass ihn bloß liegen!
Das ist einer von denen
die sich weigern zu verfaulen.

Fische gibts
die neiden den Fröschen die Fliegen
und den Vögeln unterm Himmel die Luft –
weil die nicht schwimmen müssen.

Quak, sag ich nur, quak!

Neben der Galle der Maus
putzt sich die Katze.
Sie denkt nicht an Krieg
oder an Hungernde in Afrika
sorgt sich auch nicht ums Wohlergehn
der Kieferorthopäden.

Nur die Bäume
sind wie Dichter:
werfen Schatten und lästige Blätter
solange sie stehn –
und sind wie die Dichter
am nützlichsten tot.

Blumen und Blüten
bedicht ich nicht mehr
und überlasse das Schwärmen den Bienen –
aber beim Blick auf die Landschaften
frag ich mich schon
was uns wohl noch alles blüht.

Die akademischen Dichter

Mit der Muttermilch
haben sie ihre Sprache
wohl nicht eingesogen –
am Tropf hängend
hat man sie ihnen eingeflößt.

Lasst uns eine Bresche schlagen
ins öde Wortgeklingel
und dann seht zu, wie ihr die Lücke schließt
stopft ihnen die Fremdworte
zurück in den Schlund –
daran erstickt man nicht
bekommt nur Verdauungsbeschwerden.

Lasst uns hoffen
dass sie wenigstens verstehen
was sie sagen wollten
wenn sie schon nicht wissen
warum sie es nicht gesagt haben.

Luft braucht Raum
Lust verlangt ein Gegenüber.
Das Leseschaf sucht die Gedankenweide
frisst die Blüten und
meidet Disteln und saftlose Stängel.

Schreibt, was ihr wollt, was ihr denkt!
Wer aber in die Mitte der Dinge
vordringen will
gräbt seinen Werdegang
am Widerstand entlang
durch das Gestein
und spaziert nicht zum Gipfel.

Wortergreifung

Im Vertrauen
auf seine gewaltlose
Sprengkraft
wagen wir es erst
nur zu flüstern
dann
sagen wir es laut:

Wir sind das Wort!

DEIN ZÄRTLICHER BLICK TUT MIR WEH

Verlustgefühle

Allein

Weiß nicht mehr warum
weiß nicht mehr wohin
mit dem Sperrmüll meiner Zärtlichkeit
die hier herumliegt
und Stoff streichelt.

Halt mich fest!

Dein zärtlicher Blick tut mir weh
in meinen Augen liest du Liebe –
wie schmerzhaft wird sie dem
der weiß, dass dort nur Leere ist
die du nicht füllen kannst.

Deine weiche Hand in meiner
ihr leichter Druck tut mir so gut
bedrückt mich dennoch schwer
ach, wär sie mir doch mehr
als nur ein warmes Fleisch.

Dein Rosenmund lädt ein zum Kuss
die sanften Lippen und die Zunge
wie alles schmeckt so süß
wird es mir bitterübel
dass ich fast kotzen muss.

Deine blonden Locken gleiten
wie Sand durch meiner Finger Kamm
ich wollt, ich könnt sie halten
doch sie entrinnen
wie die Liebe dann und wann.

Warum, warum, was soll ich sagen?
Die Antwort fühl ich wohl, doch Worte
find ich keine. Mehr als alles bist du mir
doch einzig und allein
könnt ich jetzt sterben neben dir.

Das Kind im Brunnen

Das Kind im Brunnen – ich
seh noch die Lichthaut glitzern über mir
ihr silbernes Wabern, und alles verstummt
um mein Staunen, Warten da unten, vielleicht
taucht ja bald Vaters Gesicht auf
im über mich gestülpten Wasser.

Auf der Heimfahrt
beim letzten Abbiegen bringt er wie immer
das Getriebe zum Singen, es dringt
hell durch den Schlaf auf der Rückbank
das vertraute Signal: Wir sind da! – gleich
wirst du hinaufgetragen ins eigene Bett.

Eng ist die Wohnung geworden und fremd
Mutters Blick – da tröstet das warme Braun
des Küchenbuffets und die Waschtrommel, himmelblau
nach all dem Weiß im Krankenhaus, wo nur
ein Kaleidoskop mit jedem Schütteln
neue, bunte Muster machte.

Abschied

Die hellen Stellen an der Wand
wo gestern noch mein Schreibtisch stand
wo Bilder, die mir einst gefielen
Blicke fingen, später nur noch hingen
weil Nägel sie nicht fallen ließen.

Blanker Boden, wo ein Teppich wärmte
liegt jetzt nur noch mein Schatten und
das Bett, in dem ich lag und liebte
oft alleine war, es wartet schon
woanders auf die Nacht und mich.

Ihr Wände, hier in diesem Zimmer
habt ihr mich weinen sehn und lachen
gleich werde ich durch seine Tür
wie jeden Tag nachhause gehn –
diesmal für immer.

Zuhause ist jetzt nicht mehr hier.
Lebt wohl! Bald wird eine andre Hand
Erinnerungen lynchen
die Spuren an der Wand
mit frischer Farbe übertünchen.

Trostflackern

Ein Mensch
bleibt einfach weg
steht nie wieder winkend
am Gartentürchen
nur der Schmerz
kehrt immer wieder
sein Grab um
sticht mein Herz
mit spitzem Spaten
wendet die Erde
auf sein Gesicht:
nie und nie wieder
Abschied nehmen können.

Doch von der Kerzenflamme
Woher auch sonst?
die Gewissheit des Wachses:
Alles geht und Nichts
ist endlich
nichts
für immer tot.

Seit du weg bist

Mein Kopf tut weh, mein Magen
rebelliert bei jeder Gelegenheit.
Das Essen schmeckt mir nicht
ist lästige Pflicht geworden.
Ich bin müde.
Aber ins Bett gehen macht keinen Spaß
obwohl ich im Schlaf am wenigsten
von diesem Leben verpasse.
Wenn ich am Morgen aufsteh
ist der Tag schon gelaufen.

Hab keine Lust, so weiterzuleben.
Aber alles, was ich anfange, klappt jetzt
weil ich keine Angst mehr hab
dass etwas schiefgehen könnte.
Mir ist sowieso alles egal.
Sogar Autofahren lerne ich
aber vielleicht bin ich bald so leicht
dass ich zu dir fliegen kann.
Meine Augen glänzen nicht mehr.
Wenn ich wenigstens weinen könnte.

Meine Liebe rennt sich den Schädel ein
am harten Verstand der Anderen.
Meine eignen Zweifel
geben ihr den Rest.
Ich bin zum Platzen voll
doch außer leeren Seiten
gibt es zurzeit nichts
was ich füllen könnte
mit meinen Gedanken und Gefühlen
und meiner Liebe zu dir.

Meine Träume will ich leben
aber lebe nur in meinen Träumen.
Wenn das so weitergeht
will ich lieber gleich sterben.
Es ist so schwer
nicht einfach aufzugeben
wenn man nicht mehr weiß
ob es sich lohnt zu sein.

Wenn ich fertig bin mit Jammern
ruf ich dich an.

Sonnenfinsternis.
Das Alltägliche wird Glück,
wenn es plötzlich fehlt.

Ungedicht

Nach dem Gewitter
allein auf der Wiese im Park
ungestört genießen
die Ruhe
das Gezwitscher der Vögel
den Duft von nassem Gras und Laub
den frischen Erdgeruch
und der Blick am Boden sucht
Blümchen und findet
Zigarettenkippen und -schachteln
Papiertaschentücher neben Bananenschalen
Plastikbecher in Hundescheiße und
das ganze gute Feeling weg
die schöne Wiese –
ein mit Unrat übersäter
feuchter Grasfleck
mitten in der Stadt.

Fazit: Wenn man anfängt, nach etwas zu suchen,
hat man es meist schon verloren.

Amors Pfeil

Sein Pfeil bat mich erwischt
als ahnungslos vorüberflog
ein Tag wie jeder andere
ein sanftes Lächeln mir.

Nein, er hat mich nicht verletzt
man kann nur dort
wo man verwundbar ist
getroffen werden.

Nein, du hast mich nicht geliebt
denn du hast doch gewusst
wo ich verwundbar bin und
du hast gut gezielt.

Jetzt hängt am Ende mein Verstand
an diesem Pfeil gekrümmt vor Schmerz
und versucht verzweifelt ihn
aus meinem Herz zu ziehn.

Solo für eine Parkbank

Wie schwer wird dir das Dasein
wenn du die ziehen lassen musst
mit der du es zu teilen glaubtest –
wenn die so leicht gedachten
und dahingesagten Worte und Ideen
nur sich selbst im Wege stehn.

Wohin, wohin
ich fühl dich gehn
wie ein gefesselter Magnet
dem man den andern Pol entzieht.

Die Bank gibt nach
der leere Platz rückt auf, wart'
noch einen Augenblick, vielleicht
kommt sie zurück?

Doch ich seh nichts mehr
schreie stumm
und fülle mich
mit ungeweinten Tränen.

Eine Stunde, eine halb
fehlt der Wille aufzustehn –
wo eben du noch warst
da sitz ich, doch da bin ich nicht
und auf dem Mond
könnt ich nicht ferner sein.

Ein abgrundtiefer Atemzug
ein Bub, der nach der Uhrzeit fragt
holt mich zurück, hilft mir hoch
und bringt mich auf den Weg.

Mein Weg, nun wieder weit
und frei vor mir.

Verlust

Ich will zurück
vielleicht
will ich zurück zu dir
will's wenigstens versuchen
doch auf halbem Weg
fehlt ein Stück
ein Stück von mir
das will nicht mehr
zurück zu dir.

Sekunden der Ahnung

Der Zeiger weist
ein Ende der Welt
aus Träumen gebaut
am Fuß des Bettes
schwingt sich die Seele
jeden Morgen, jede Nacht
zu dir
bevor der Schlaf
uns sorglos macht
und ehe sich der Tag
verschlingt in seinen Pflichten.

Dass ich dann
nicht denken kann an dich
ist manchmal Balsam für mein Herz.

Wäre doch der Hunger nicht
es könnte mich ernähren
nichts
als alle Ewigkeit ein Lächeln
in deinen Augen lese ich
es lohnt sich
so ein Narr zu sein
der immer fragt und
selten eine Antwort gibt
der alles ahnt, bevor's geschieht.

Womit hab ich verdient
dass du mich bald verlassen wirst?

Metamorphose

Des Schmetterlings Leichtigkeit
suchte mein Herz
und Befreiung
von der Last einer Liebe
die wie gelähmt
im zärtlichen Kokon, dem selbst gestrickten
lag und fast erstickte.

Lange stand die Tür
verschlossen zwischen uns –
jetzt stehst auf einmal du
in ihrem offnen Rahmen
wie ein Spiegel meiner Seele.

Und dieses schöne Bild
zerfließt
und wird zur Fratze –
bist du, wie du aussiebst
oder nur
meines Inneren verschwommene Kontur?

Des Schmetterlings Leichtigkeit
fand mein Herz
und Befreiung
von der Last meiner Liebe –
deine Liebe bleibt
wie ein leeres Ei im Nest.

Wenn ich auch den Verstand verlier

Die Nacht ist nah, du bist nicht hier
ich sitze da, spiel Schach mit mir
schwarz – weiß
schwarz – weiß
ich hab die Dame schon berührt
wenn mir an ihr auch nicht gefällt
dass wohl ein anderer sie jetzt
in seinen Armen hält
schwarz – weiß
schwarz – weiß
ich frage mich vor jedem Zug
wohin vielleicht dein nächster führt
und meine zögernde Begierde
dampft auf dem Abstellgleis
schwarz – weiß
schwarz – weiß
die Zeit verging doch wie im Flug
seit mich dein Blick elektrisierte
und andre war'n für mich tabu
seit das mit dir und mir passierte
schwarz – weiß
schwarz – weiß
Figuren, die sich opfern oder schlagen
du wirfst mir vor, ich schau nur zu
wie andre laufen, springen, ackern
und sich für fremde Ziele plagen
schwarz – weiß
schwarz – weiß
und ich soll mich für dich abrackern
die Karriereleiter stürmen
mir ist nichts daran gelegen
wenns zu hoch wird, muss ich türmen
schwarz – weiß

schwarz – weiß
was ich auch mach, du bist dagegen
ein Schritt vor, ein Zug zurück
merkst du nicht, wie mich das lähmt?
und alles deinetwegen
schwarz – weiß
schwarz – weiß
du wirst gedeckt und spielst riskant
ziehst frei herum, ganz ungezähmt
ich steh allein am Schachbrettrand
am Anfang waren wir uns nah
schwarz – weiß
schwarz – weiß
letzte Woche kam ein Brief von dir
du schreibst, du hast genug von mir
und dass du bei dem andern bleibst
die Liebe war nur Selbstbetrug
schwarz – weiß
schwarz – weiß
schwarz auf weiß hast du's mir beigebracht
was soll ich tun, was mach ich bloß?
und dabei hab ich schon gedacht
ich werde dich nie wieder los
schwarz – weiß
schwarz – weiß
durch Zufall sind wir uns gestern begegnet
als schwarze Witwe läufst du herum
von Männern wie immer umschwärmt
wie ein fauler Apfel von Fliegen
schwarz – weiß
schwarz – weiß
so süffisant war dein Mundwinkelknick
nur der Blick schien etwas verhärmt
schwarz macht schlank, sagst du und lachst
mich macht das krank

schwarz – weiß
schwarz – weiß
die andern reden, ich bleib stumm
wenn du gehst, dreh dich nicht um!
schon der Gedanke tut mir weh
ein Wort noch, und ich bin schachmatt
schwarz – weiß
schwarz – weiß
ich lass mich treiben in der Stadt
die Welt ist ein Aquarium
und gibt es draußen einen Gott
bestimmt spielt er dann Schach mit mir
schwarz – weiß
schwarz – weiß
wenn ich auch den Verstand verlier
ich mach dir nicht den Don Quichotte
ich such im Müll nach deinem Brief
du bist die Schöne, ich das Tier
schwarz – weiß
schwarz – weiß
krieg kaum noch Luft in diesem Mief
und weiß nicht, ob ich wach bin oder träume
im Hinterhof stehn schwarz die Bäume
wie ein Betttuch liegt der Schnee
schwarz – weiß
schwarz – weiß
flattern Schatten an den Wänden
und als die Schachfigur'n am Schluss
wie Blinde durch das Zimmer irren
stehst plötzlich du in meiner Tür
schwarz – weiß
schwarz – weiß
und dann streift zärtlich meine Stirn
eines Nachtfalters flüchtiger Kuss
schwarz – weiß.

Damals im Winter

als wir uns kennenlernten
standen zwei helle Sterne in der Nacht
so nah beisammen – wir haben gedacht
dass sie sich nie voneinander entfernten.

Fast jeden Abend waren sie zu sehn
und schienen immer im gleichen Abstand
an derselben Stelle am Himmel zu stehn
als verbinde sie ein unsichtbares Band.

Lang warst du fort, aber was auch geschah
wir schauten Tag für Tag zur gleichen Zeit
hinauf zu ihnen – in der Gewissheit:
Da oben sind wir uns ganz nah.

Im Sommer haben wir uns dann getrennt –
die Liebe war irgendwie erfroren
und zwischen all den Punkten am Firmament
hatten sich auch unsere Sterne verloren.

Es waren wohl nur zwei Planeten
die sich eine Weile scheinbar gemeinsam
um die gleiche Sonne drehten –
doch jeder auf seiner eigenen Bahn.

Verwandlung

Entferne
mich immer mehr
von mir selbst.
Finde dich dort, sag:
Es gibt keine unwahren Lügen!
und schreibe: Auf dem See
an dem wir lagen – still
schwamm da ein Schwan –
trieb starr und schwerelos vorbei
der letzte Sommertag.

Die Lüge wird so wahr
wie du sie haben willst.
Wirklich war der Schwan
die Frau, die mitten durch
mich hindurch geschwommen
rief: weiter, weiter!
während das Wasser
sich kräuselte auf ihrem Rücken.

Untergegangen ist sie
ertrunken in anderen
Erinnerungen, auferstanden
als Schwan, der mich gekräuselt hat
mit wirren Hüften, weichen Blicken.

Ich – distanziert – ganz Welle geworden
am fernen Ufer weiß ich, was niemals war
das kann auch nicht verwandelt werden.

So-nett in der Hängematte

Wo's still und schattig ist im Garten
und keiner da, der Böses denkt,
hab ich die Seemannswiege aufgehängt –
was Arbeit heißt, kann warten.

Mit ihr verbracht' ich schöne Stunden,
sie schaukelt sachte hin und her –
ein Wind weht heut fast wie am Meer,
und alte Liebe ist verwunden.

Nicht viel von ihr blieb hier zuhaus:
ein Tonkrug, eine Zimmerlinde, eine Stevie-Wonder-Platte
und eben diese Hängematte.

Sie ist fest angebunden,
hält mich und meine Faulheit aus.
Es stimmt: Die Zeit heilt viele Wunden.

Wen die Stunde schlägt

Wir saßen
auf der Terrasse des Restaurants
und lasen:
ich einen Roman von Moravia
und sie den *Zauberberg*.

Sie sprach mich an
wir haben uns
in die Augen geschaut
und sofort erkannt
noch in derselben Nacht
trotz ihrer Vorliebe für Thomas Mann
wie noch nie
auf den Liegesitzen im Auto
im Rausch getrieben
am See Genezareth, scheppernd
in einer Fischerhütte aus Wellblech
vom Wind geschüttelt
unter Tränen, am Strand
in dem quietschenden
Bett in dem kahlen Zimmer
mit der hohen Decke
in einem verlassenen Zelt
der Armee, aufgestellt
für evakuierte Erdbebenopfer.

Das war, als wir erst den Hunger
und dann das Beben stillten, damals
im menschenleeren Pozzuoli.

Nach acht Tagen
haben uns unsere Wege getrennt:
sie mit dem Auto nach Norden
ich mit dem Daumen nach oben
am Straßenrand vor Neapel.

Daheim, auf den wenigen Fotos
sah sie traurig aus irgendwie
und mich schmerzte
dass man Schönheit und Liebe
nicht festhalten kann.

Die Knospen sehen.
Nicht trauern um die Rose,
die schon verblühte.

No-Blätter-Blues

Traure nicht
den Blättern nach
die fallen.
Sie waren grün
sie waren bunt
jetzt müssen sie
verrotten
damit aus Altem
Neues wachsen kann.

ALS WARTE EINE ANDRE ZEIT

Zeitgefühle

Früher

als die Zukunft noch
eine Eichelkappe trug
schienen die Sommer unendlich
die Tage entfalteten sich in der Sonne
und wenn Regentropfen
auf dem Asphalt explodierten
roch die Straße nach Staub
und grindigen Knien
und der Sandkasten gebar
Unmengen winziger Kröten.

Hand in Hand streiften wir da
durch verbotene Felder
Aug in Aug mit dem Mutterkorn
im Labyrinth des Roggens, der uns verbarg
wo die Ähren uns weit überragten
und wir in Heugarben Unterschlupf fanden.

Als Räuber oder Gendarm
folgten wir den Dschungelpfaden
im stillgelegten Steinbruch
überquerten auf einem Floß den See
das prickelte mehr
als Aktenzeichen XY
und jeder Tatort von heute.

Als die Puppenwimpern
ausgeklimpert hatten und
das Teddybärenfell verteilt
schlichen sich Grautöne zwischen die Farben
verloren unsere kurzen Schritte sich
in den länger werdenden Schatten.

Als die Nase der Erde noch näher
und der Himmel ein Versprechen war
Kastanien kleine Schätze
und die Märchen wie Maikäferkribbeln
da folgten wir Hänsel und Gretel in den Wald
und begruben die Geheimnisse
unter Fliegenpilzhüten.

Gemeinsamkeiten

Mein Vater hat eine gewöhnliche Geschichte …
sang Francesco De Gregori
in seinen „Geschichten von gestern".

Mein Vater hat keine Geschichte
oder wollte nicht darüber reden.
Aber er hat eine Uniform
gewöhnlich und grau
mit den meisten seines Alters geteilt
vielleicht auch eine Hoffnung
die Hoffnung heimzukehren
zu den gewöhnlichen Ängsten des Alltags.

Mussolini hat auch Gedichte geschrieben …
und Hitler hat Bilder gemalt –
ihre andren Leidenschaften
haben sie leider nicht aufgegeben.

In Berlin ist nicht nur eine Mauer gefallen
und braune Schmierereien verschwunden
sie haben andre Wände
und neue Hände gefunden.

Zum Glück kenne ich keinen Dichter
der auch Diktator war.

Das Gedicht entstand 1992, inspiriert durch „Le storie di ieri"
des italienischen Liedermachers Francesco De Gregori.

Nostalgie

Das Herz schlägt schnell
die Stunden längst gezählt
auf schwarzen Krähenschwingen
ziehen sie dahin.

Im Fotoalbum, unberührt
das schöne Gesicht
des jungen Mädchens.

In zeitenschwerer Enge
schnellt der Gedanken Katapult
woandershin die Leere.

Ungeduld des Kolibris
an Blütenkelchen schnullt
steht scheinbar still
der Flügelschlag
will weiter schon.

Klebstreifenschlangen
züngeln gelb im Wind
wolln Eintagsfliegen fangen.

Auf Denkmalssockel ruht
rostende Erinnerung
die weiße Inschrift
Taubendreck
wischt – ohne es zu tun
respektlos ihren Namen weg.

Zeit der Maschine

Nichts mehr zu erwarten
als auf eine Nacht
die nächste
Hülle
von Seele verlassen
erhellt
erhält ein müder Mechanismus
Maschinen
wachsen Köpfe
Menschen
gebären Maschinen
haben sie zur Welt gebracht
Welt gebracht um
sie umzubringen?

Trotzdem
grüne Knospen treibt
der herausgerissene Strauch
den ich – halb verdorrt schon
fand und wieder einpflanzte
er ist angewachsen
ich noch nicht.
Erhofftes Glück
zeigt eine Spur
verwischt
aber lässt
nach dem Schlaf
den Rest der Tage
weiterleben.

Griesstettener Morgenandacht

Kugeliges Kalksteinpflaster
ausgegraben, quadratmeterweise
freigepinselt die Konturen:
stilisierte Menschgestalten
meint der Archäologe.

Ich denk an Tiere
steingewordne Eiszeitstiere
aus der Höhle von Lascaux
und wittre Altamira-Schweine
Farben aus Erde, Maler in Fellen.

Entlehmter Mensch
hier knietest du vielleicht
vor vier mal tausend Jahren
im Halbrund rot gebrannter Steine
die Stirn gebeugt unter fahlen Gestirnen.

Zu deiner Rechten stand
ein schwarzer Krug aus Ton
bei seinen Scherben liegt noch immer
glatt und scharf das kleine Beil
aus grünem Berggestein.

Ich seh, wie du den Opferigel
sonnenstrahlig schlägst
das Blut von deinen Händen
im morgenfrischen Wasser wäschst
bis es sich weinrot färbt.

Allmählich lichtet sich
der prähistorische Nebel, dein Blick
altmühlabwärts gerichtet –
über den Hügeln am Rande des Tals
ersehnt er die Rückkehr des Lichts.

Nikopolis

Dornensträucher
dürre Disteln, meterhoch
und Ouzoduft
aus gelben Anisdolden
Nikopolis
du blühtest auch
auf den sanften Hügeln
am Ambrakischen Golf.

Wände, nackt, Nikopolis
aus bleichen Ziegeln – Zähne
zerfressen vom Karies Zeit
wo mächtige Mauern
Aquädukte, Thermen, Tempel waren
Reichtum und Pracht
Armut, was blieb von deinen Hütten?
und den Gräbern der Dreihunderttausend
die wandelten dort lange
vor den Trampelpfaden der Touristen.

Zwei Ziegen
zwischen Schutt und Kraut gebunden
an umgestürzte Säulensteine
rupfen Blatt für Blatt von Zweigen
so weit wie Strick und Hälse reichen.

Auch zwei Museumswärter
nährt Nikopolis noch und
vielleicht sogar – Hello Spikinglis? –
diese Klette
von selbsternanntem Fremdenführer.

Schafe weiden im Stadion
zwischen den Brombeertribünen
Aischylos spielt im Steinbruch Theater
Sophokles mit Klytaimnestra Versteck
und Aristophanes' Lysistrata
schön kühl in dunklen Gängen
hüllt sich in Fledermausflügel.

Draußen flattern auf den Rängen
Schwalbenschwänze
über blaue Blüten.

Nikopolis
zum Seeschlachtfest gezeugt
vom erhabnen Augustus
unweit von Aktion
wo gegen ihn Antonius einst
mit Kleopatra kreuzte
und Ägyptens Flotte unterging
wie tausend Jahre später
du, Stadt des Sieges
Nikopolis.

Septembermorgen

Verregnete Lust
vor dem Aufstehn
Sonntagmorgen.

Bachmanns Lyrik
nach dem Frühstück segeln Bilder
von schneebedeckten Berghängen
und Freiballons träge
im Fernseher.

Draußen
hat die verschlafene Zeit keinen Schatten
keine Schafe und keine Mähmaschine
hervorgeholt – das Heu
ist längst geerntet und
in Sicherheit gebracht.

Kirchenglocken –
Leute, was zum Teufel
locken, läutern sie
die gute alte Zeit
die Kindheit
ins Grab?

Hochspannungsmaste
stehn stählern im Septemberregen
wie Kruzifixe, filigrane
Feldkreuze in der verstromten Landschaft.

Im Tiefflug jagen
heute nur Schwalben –
grüßt mir den Sommer
in Afrika!

Im Morgennebel

radle ich
wie jeden Tag
vorbei am Gänsmühlweiher
und wieder steht
am flachen Ufer dort
ein Reiher
reglos grau
und ein Stück weiter
noch zwei Reiher

lassen sich nicht stören
schauen nicht mal her
fliegen auch nicht fort
als ich vorüberfahre
als wäre alles einerlei
als gäb es nur das eine
Bild im Wasserspiegel.

Mit gekrümmten Hälsen
zeitlos stehn sie da
als warte eine andre Zeit
im Nebel noch
auf ihre Flügel.

Alles zu seiner Zeit

Es gibt Zeiten
in denen es gut ist
seinen Mund aufzumachen

und es gibt Zeiten
in denen man ihn
besser hält

und dann gibts noch
Zeiten wie diese
in denen man am besten
auf die ganzen Zeiten
scheißt.

Vergängliche Gefühle

Sonntagmorgen im Herbst

Strahlender Sonnenschein
schwarz gekleidete Menschen
gehen spazieren im Park.

Zwischen vom Wind gebeugten
farbigen Bäumen und Sträuchern
sitzt schweigend auf einer Bank
ein altes Paar.

Vom blauen Himmel brummt
ein Flugzeug
von irgendwoher tönt leise
schwermütige Musik.

Warten auf den Tod.

Herbstmonolog

Was flüstert dir der Wind
ins Regenlied
ins monotone: Es ist spät
Herbst.
Die Tage lamettern schon
es blättert
schwarzes Engelshaar
die blauen Seiten um.

Kein Eulenschrei, dein Name
fällt vom Himmel
mir ins Wort
wie Harfenzittern: Finger weg!
Was fällt dir ein, sag
warum schläfst du nicht
und wann hast du das letzte Mal
geweint?

Hast vergessen, sagst du, gelernt
ist gelernt, sage ich
Eichhörnchen
das nach Eicheln gräbt
die selbst längst Eicheln tragen.

Es ist spät, Herbst!
Auf leichten Wegen
wandelt die Erinnerung.

Verwirrung

Liebesgedichte gelesen
einer Frau, die ich nicht kenne
mir vorgestellt
sie hätte sie
für mich geschrieben.

Schmeichelhaft
mit etwas Wehmut
an die Zeit gedacht
als ich selbst noch
solche Gedichte verfasste.

Vorbei, andererseits
bin ich mir gar nicht so sicher.

Zu spät

Sie sitzt mir gegenüber
mit diesen Haaren
wahrscheinlich nicht überall
mehr so schwarz.

Die Augen aber
sprühen noch Funken
sie streicht ihre Haare
zurück, man spürt
sie wartet nur
auf ein Zeichen
in einem schwachen Moment.

Ich bin sicher
vor zwanzig Jahren
hätte sie sich
einen Dreck interessiert
für einen Typen wie mich
und ich würde vielleicht
schwach werden bei einer
wie sie vor zwanzig Jahren.

Wir warten
und wissen beide
wir können nichts dafür
aber es ist
zu spät.

Was willst du von mir?

Suchst du die reine
unbeschwerte Liebe? –
Dann bist du bei mir
an der falschen Adresse.

Geh lieber, leb
dein eigenes Leben!
Komm vielleicht zurück
wenn du dir ein paar Narben geholt hast.

Wenn du's aber eilig hast
dann meinetwegen
bleib.

Breite Gasse, halb Eins

Jeans, hauteng
der Ledermantel, weiß
und pelzbesetzt die Frau
schlendert an Schaufenstern
vorbei, die vornehmen Geschäfte
spärlich beleuchtet vom Schein
der Straßenlaternen.

Weiße Lackstiefel
elegant, hochhackig
tackt das verlassene Pflaster
ihr Teenagergang
aufreizend, die hennaroten Haare
wippen mit jedem Schritt.

Pfiffe
zwei junge Burschen
überholen von hinten
johlen ihre Anmache
en passant.

Ach, haut bloß ab!
Aus Seitengassen hallt
unverschämt, doch schnell entfernt
Gelächter.

Düster
in der Auslage
eines Pelzgeschäfts steht jetzt
weiß, allein und nerzbesetzt
ihr Spiegelbild, im Lampenlicht
verzerrt und hasst sie
ihr altes Gesicht.

Worte können schwarze Löcher sein

Erst stirbt das Loch
dann folgt der Rand
durchsichtig rieselt
Sanduhr ohne Sand
und ohne anzuecken
umgedreht im Mund
nichts bewegt sich, alles
außer Rand und Band
Sogkraft zeigen
nur die Zungen, entblößt
festgetackert an der Wand
mit lustvollem Luftlecken
halten sie stand
bis es schwarzblau
von den Lippen perlt.

Kein Problem mit dem Älterwerden

Irgendwelche Probleme hatte ich immer
wie die meisten Menschen.
Irgendwie hab ich sie stets überstanden.

Gerade als ich jung war
war ich nicht immer glücklich.
Jetzt bin ich älter
und hab noch immer Probleme
doch inzwischen bin ich gewiss:
ich werde sie meistern.

Ach was, ist nicht wahr
aber immerhin hab ich gelernt
gelassen zu bleiben.

In der fünften Klasse
hat der Religionslehrer gefragt
was wir später einmal werden wollen
wenn wir erwachsen sind.

Nach
Lokführer, Bauingenieur, Erdkundelehrer und
„Ich übernehme einmal das Geschäft meiner Eltern"
war ich an der Reihe.

„Ich will gar nicht erwachsen werden"
sagte ich, und der Lehrer war schockiert.
Aber es sei doch sehr schön
erwachsen zu sein
eine Familie zu gründen und alle
Entscheidungen selbst treffen zu können.

Ich sah *ihn* an und hatte da so meine Zweifel.

Wenn ich darüber nachdenke:
Wenn ich es mir aussuchen
oder von einer guten Fee wünschen könnte
wie alt ich sein möchte …
eigentlich wollte ich immer
gerade so alt bleiben
wie ich in dem Moment war
nicht älter, aber auch nicht jünger.

Älter wurde ich trotzdem
und Probleme hab ich noch immer
aber wenigstens bin ich
immer gerade so alt
wie ich sein will.

Was für ein Jahr

Jeder neue Tag
hält schlechte Nachrichten bereit
wo der faule Zahn der Zeit
am Weltgefüge nagt, geht es bergab
doch der Weltuntergang wird vertagt.

Die Weltchirurgen wetzen ihr Skalpell
frische Narben schwinden schnell
nur die alten heilen nicht –
der Mensch trägt noch ein Leben lang
sein hässliches Gesicht.

Und keine olympischen Spiele
keine Fußballweltmeisterschaft
ein paar ferne Kriege allenfalls
lenken von der Krise ab –
vom Blick in den eigenen Spiegel.

Den Herren in den hohen Türmen
ihr kapitaler Blick, der nimmersatte
verwehrt ihnen die Übersicht –
das Naheliegende erscheint
nur klein, nicht achtenswert.

Das menschliche Ekzem
es hört nicht auf zu jucken
auf der Haut der Erde –
Kratzen hilft da nicht
macht alles nur noch schlimmer.

Vom Nabel der Welt
zieht sich Pythia zurück
in den Rauch ihrer Grotte
und hegt berechtigte Zweifel
am Reiz der vertrockneten Brüste.

Es lahmt und kriselt
die Sanduhr rieselt
doch außer Schweinepest geschieht
nichts Weltumspannendes.

Was für ein Jahr!
Tür zu! Es zieht.

Toter Lebensort

Am abgestorbenen Baumstamm
in unserem Garten
hängt an einem Aststumpf
der Schädel, leicht bemoost, umrankt
von Geißblatt und Baumwürger.

Mein Sohn hat ihn vor Jahren
neben anderen Resten
beim Spielen gefunden
den Schädel der vermutlich
schwarzgeschlachteten Kuh.

Einmal haben Blaumeisen
ihr Nest darin gebaut
und durch das Loch, wo einst
das Rückgrat aus dem Schädel trat
ihre Jungen gefüttert.

Heute saß ein Eichhörnchen
auf einem Horn des Schädels
schabte mit den Nagezähnen
hingebungsvoll Scharten
in den halbverwitterten Knochen.

Bin schon gespannt
was als nächstes passiert.

Abend

Ein Zug bleibt stehn
um zu verschnaufen
die Vögel stelln ihr Zwitschern ein
und einen Augenblick
hört selbst das Gras
zu wachsen auf.

Den letzten Strahl
schickt uns die Sonne
Maschinen- und Motorenlärm
erstirbt zu fernem Summen …
Wind weht noch einen schwachen Hauch
die rauschenden Blätter
auf den Bäumen
verstummen.

Ich breche den Satz ab
mitten im Reden
weil es nicht mehr zu sagen gibt
und lausche
wie der Tag vergeht.

DER AUTOR: SIEGFRIED SCHÜLLER

Werdegang eines Dichters

1957: Bereits kurz nach der Geburt zeigt sich seine Fähigkeit, eigene Gefühle und Welterfahrung auf den Punkt zu bringen und einen passenden Ausdruck dafür zu finden: Mit lautem „Uäähhh!" kommentiert er seine ersten Lebenseindrücke.

1959: Wer schreiben will, sollte lesen können. Der angehende Autor übt sich früh – und bei jeder Gelegenheit (siehe rechts).

1967: Im Urwald wird er von Kannibalen gejagt und entkommt nur knapp einem Ende als Eintopfbeilage. Sein Schulaufsatz zum Thema „Was ich letzte Nacht geträumt habe" sorgt für Furore in der 4. Klasse.

1972: Seine „Ballade vom Gummischwein" findet großen Anklang bei fast allen Klassenkameraden.

1974: Er verfasst seine erste Liebesgeschichte und stellt damit unter Beweis, dass man als Autor auch über etwas schreiben kann, wenn man kaum eine Ahnung von der Materie hat.

1978: Er verzichtet auf eine feste Freundin und leistet sich stattdessen Monica für 245 Mark.

1982: Schickt seine gesammelten Werke an drei große Verlage. Erhält auf Anhieb drei freundliche Absagen und legt daraufhin einen Ordner an mit der Aufschrift „Absagen von Verlagen, Agenturen usw.".

1983: Schreibt seine Lebenserinnerungen, beendet das Werk jedoch nicht. Seine erste Teilnahme an einem Nachwuchs-Literaturwettbewerb bringt ihm zwar keinen Preis ein, jedoch einen leckeren Schweinebraten mit Knödeln.

1989: Ein windiger Agent knöpft ihm 547 Mark ab für die Vermarktung seines ersten Buchmanuskripts. Die sieben Exemplare sind im Nu vergriffen.

1990: Nach einer Geschlechtsumwandlung – der Verleger hatte aus dem Siegfried eine Siegrid gemacht – erscheinen erstmals ein paar Gedichte von ihm in einer Anthologie. Im gleichen Jahr erhält er seinen ersten Literaturtrostpreis in Form einer kostenlosen Veröffentlichung einer Kurzgeschichte. Er liest sie seiner Katze vor, die sich ungeniert weiterputzt.

1992: Hält seine erste Lesung vor menschlichem Publikum. Die Gedichte hätten ihr gut gefallen, meint eine ältere Frau hinterher. Leider habe sie kaum etwas verstanden, da er sie zu schnell vorgetragen habe.

1996: Gewinnt den 3. Preis (Abdruck von drei Gedichten in einer Anthologie) in einem Lyrikwettbewerb. Nach einem kritischen Gedicht über den damaligen Papst, entzieht ihm ein Schweizer Banker als Jurymitglied sein Votum und droht ihm mit Exkommunikation.

2002: Macht nach 24 Jahren endgültig Schluss mit Monica und steigt um auf Dumbo, einen graublauen PC mit Elefantenohren.

2003: Er droht einem Kleinverlag mit Papierfliegerangriffen, falls dieser seine Werke nicht veröffentlicht – ohne Erfolg.

2015: Ein hässlicher Fisch mit langen Zähnen macht Werbung für sein (Schüllers) erstes Buch.

2017: Mit seinem ersten Kurzgeschichtenband begibt er sich in die Gesellschaft „Von Maulwürfen, Männern und anderen Tieren".

2019: „Im Supermarkt der geheimsten Gefühle" wildert er ein ganzes Rudel seiner Gedichte aus, in der Hoffnung, dass sie sich in Freiheit erfolgreich durchschlagen.

… arbeitet seit 1996 im Raum Regensburg vorwiegend mit regionalen Autoren und Verlagen zusammen.

„Ich war schon immer ein Beobachter. Ausdrucksstarke Charaktere mit Ecken und Kanten und Wampen, skurrile Situationen aber auch das nicht auf den ersten Blick Erkennbare, das Zurückgenommene und die Stille haben mich interessiert.

Zeichnen und Illustrieren sind für mich die passenden Ausdrucksformen, diese Situationen, Stimmungen und Charaktere einzufangen und wiederzugeben, so wie ich sie empfinde. Illustration hat keine Grenzen. Hier können sich Realität und Phantasie vermischen und wirken doch am Schluss authentisch.''

tom-meilhammer.de

PLÄDOYER FÜR EINE LEBENDIGE UND ENGAGIERTE LYRIK

(Essay von Siegfried Schüller)

Warum führt die Lyrik so ein Schattendasein?

Ich bin kein Literaturwissenschaftler oder Poetologe, aber als Leser und Schreiber von Gedichten frage ich mich doch, warum gerade die Gattung der Lyrik in unserer Gegenwartsliteratur so ein Schattendasein führt – weitgehend unbeachtet von den Medien und der großen Masse der Kunst- und Literaturkonsumenten. Es werden zwar nach wie vor Unmengen von Gedichten (oder was sich als solches ausgibt) geschrieben und auch veröffentlicht, – lesen will das aber, außer den Produzenten selbst, anscheinend kaum jemand.

Angesichts der Dauerberieselung durch die modernen Massenmedien mit ihren vorgekauten Gedanken und ihrer geistigen Schon- und Tiefkühlkost, mag es sein, dass das Publikum nicht mehr daran gewöhnt und überfordert ist, sich länger als nur einen Augenblick (im wahrsten Sinne des Wortes) auf etwas einzulassen, vielleicht genauer hinzuschauen, nachzulesen und selbst nachzudenken über das, was ein Anderer gedacht, erlebt und als Gedicht aufgezeichnet hat.

Sicher ist das mit ein Grund für das Desinteresse an der Lyrik. Vielleicht sind auch das Kabelfernsehen und der Computer-Virus schuld daran oder ganz einfach die Entdeckung des elektrischen Stroms und die Tatsache, dass abends keiner mehr bei Kerzenlicht liest? – Betrachtungen darüber würden vielleicht erklären, ändern würde sich dadurch nichts. Ich glaube aber, es liegt in erster Linie an den Lyrikern und Lyrikerinnen selbst (und wenn es nicht so wäre, dann hätte dieser Essay auch wenig Sinn und taugte allenfalls als Grabrede oder vorgezogener Nachruf auf die Lyrik).

Die Sprache der (publizierten) Lyrik ist immer unverständlicher geworden. Was sie vielleicht sagen will, versteckt sich hinter Bildern und Metaphern, die oft keine Resonanz mehr finden in der Fantasie ihrer Leser und Zuhörer. Ja, ich glaube, viele Lyriker wissen manchmal selbst nicht, was sie da eigentlich in ihren kryptischen Gedankengängen und Wortgebilden verborgen haben und schon gar nicht, warum sie das, was sie eventuell ausdrücken wollten, so verschlüsselt haben, dass es kein Nichteingeweihter mehr erkennen kann oder gar in der Lage ist, eigene Gefühle und Gedanken zu entdecken in einem Gedicht.

Das Publikum des Dichters erscheint so quasi als ein schwarzes Loch: Es schluckt zwar alles, was es geboten bekommt, bleibt dabei aber stumm und verschlossen im Dunkeln und zieht sich immer mehr in sich selbst zurück, bis schließlich nur noch ein kleiner, esoterischer Kreis übrigbleibt, von dem keinerlei Leuchtkraft mehr ausgeht. Die Lyrik aber, und damit auch jedes einzelne Gedicht, sollte ein Schlüssel sein zum Bewusstsein und zum Unbewussten, nicht nur des Verfassers, sondern auch des Empfängers. Was oder wen sonst denn sollte ein Gedicht erreichen, wenn es nicht nur leeres Wortgeklingel und seelische Selbstbefriedigung sein will? – Ein Schlüssel aber, der nicht passt, wird sich vergeblich drehen und winden – die Tür zum Nächsten wird verschlossen bleiben.

Ein Gedicht sollte eindringen, sollte, was verschüttet war, nach oben kehren, das Unerhörte zum Schwingen, das Verschwiegene zur Sprache bringen. Es sollte zumindest irgendeine Erregung verursachen.

Was gibt es Öderes, als Leute bei Lesungen mit Lyrik zu langweilen? – Menschen, die anscheinend andächtig lauschen, in Wirklichkeit aber nur zum Gähnen zu höflich und zum Einschlafen nicht müde genug sind. Und gibt es da etwas Schöneres, als eine solche Versammlung mit ein paar einfachen und unerwarteten Versen aus ihrer Lethargie zu reißen?

Die Lyrik aber zieht sich zurück in ihren kunstvoll konstruierten Elfenbeinturm; der Dichter hält seinen Dornröschenschlaf und kümmert sich nicht um das, was draußen vor sich geht, wundert sich nur und beklagt sich ab und zu, warum denn niemand kommt und ihn wach küsst und wieder ins allgemeine Bewusstsein ruft.

Ich weiß nicht, wann genau und warum die Dichter in diesen Dornröschenschlaf fielen; vielleicht erklärt sich ja ihr Hang zum Zurückgezogenen und Verschlüsselten – zumindest hierzulande – aus dem nachwirkenden Klima von Einschüchterung und Angst, welches die wechselnden deutschen Diktaturen erzeugt haben (oder auch: ... erzeugt hat).

Unbequeme Wahrheiten nicht wahrhaben wollen, unerwünschte Gedanken lieber für sich behalten oder sie (wie im subtileren System der früheren DDR) zumindest so zu verkleiden, dass einem durch die Vieldeutigkeit des Geschriebenen keine eindeutigen Nachteile entstehen können – ein solches Verhalten erscheint verständlich, wo es notwendig war zum Überleben oder um wenigstens einigermaßen angenehm und unbehelligt existieren zu können.

Was mich aber wundert, ist die Tatsache, dass solche Verhaltensweisen, wie sie einer mehr oder weniger repressiven Gesellschaft angemessen sein mögen, allem Anschein nach in unsere heutige, demokratische Gesellschaft fast nahtlos übernommen wurden – davon ausgenommen vielleicht die 68er-Bewegung und die gesungenen Gedichte („Lyrik" im ursprünglichen Sinn) verschiedener Liedermacher sowie einige, meist wenig publizierte, zeitgenössische Autoren.

Gibt es plausible Gründe dafür? Sollte unsere Gesellschaft etwa doch nicht so demokratisch und tolerant sein, wie sie es vorgibt? Wovor sollten wir uns fürchten? – Ist es die Diktatur des Wachstums um jeden Preis mit ihrem alltäglichen Konsumterror und Rentabilitätsdenken, die die harmlose und scheinbar überflüssige Kunst des Dichtens zum Schweigen und Stillhalten zwingt? Sind Gedichte heute so unzeitgemäß und nutzlos wie eine schwarze Schallplatte für jemand, der einen CD-Player besitzt?* – Ich lasse diese Fragen unbeantwortet stehen, als Anregung zu eigenem Nachdenken – eine Absicht, die ja auch ein Gedicht verfolgen kann.

Unsere „klassischen" Dichter haben oft auf Motive aus der Antike und andere historische Stoffe zurückgegriffen, um ihre Ideen und Ideale auszudrücken, unbequeme Gedanken loszuwerden und gesellschaftliche Verhältnisse durch Vergleich bewusst zu machen. Heute ist das vielleicht schwer zu erkennen und nachzuvollziehen, aber ich denke, zu ihrer Zeit wurden sie verstanden - sicher nicht in allen Bevölkerungsschichten, wohl aber von denen, die ihre Werke lesen und hören konnten.

Um bei den „Klassikern" zu bleiben: Warum glauben die meisten modernen Lyriker, auf eines der stärksten Ausdrucksmittel der dichterischen Sprache, den Reim, unbedingt verzichten zu müssen? – Um nicht dilettantisch, antiquiert oder gar reaktionär zu wirken? Dilettantisch ist aber nur, wer seine Kunst nicht beherrscht und altmodisch nur, wer es nicht versteht, traditionelle Formen mit aktuellen Inhalten und zeitgemäßer Sprache zu füllen. Es kommt aber weniger auf die äußere Form an oder darauf, so oder so nicht wirken zu wollen – vielmehr kommt es darauf an, überhaupt zu wirken.

Nach meiner Überzeugung gehört es zur sozialen Aufgabe und Verantwortung des Dichters, Kritik zu üben, Missstände deutlich zu machen, Ungerechtigkeiten anzuprangern und hohle Sprechblasen politischer Phrasendrescher zum Platzen zu bringen. Vor allem aber auch, sich einer von oben erzwungenen, sozialen Wende entgegenzustellen auf der Seite derer, die dabei über – oder treffender gesagt, unter den Tisch gezogen werden sollen.

Dies soll jedoch kein Aufruf zu einer neuen Agitprop-Lyrik sein und schon gar kein Plädoyer für eine Art Triviallyrik, von der es ohnehin schon genug gibt. Eine Lyrik aber (und ein Verlagswesen!) die nur die eigene Befindlichkeit bespiegelt und sich, gerade heute, nicht (auch) einmischt ins gesellschaftliche und politische Geschehen, die unsere soziale Wirklichkeit nicht wahrnimmt und thematisiert (und dies in verständlicher Form), braucht sich nicht zu wundern, wenn sie nur wenig Beachtung findet.

Dabei ist doch gerade die Lyrik – eher als andere literarische Gattungen – durch ihre knappe Anschaulichkeit und ihr zeit- und platzsparendes Wesen dazu geeignet, kurzfristig und pointiert auf aktuelle Ereignisse und gesellschaftliche Entwicklungen zu reagieren.

Warum aber legt die angeblich so moderne Lyrik von heute scheinbar nicht einmal mehr Wert darauf, wenigstens von denen verstanden zu werden, die sich überhaupt noch die Mühe machen, Gedichte zu lesen? – Ich weiß es nicht, aber ich denke, es ist an der Zeit, Fenster und Türen zu öffnen und frische Luft hereinzulassen, ehe die Lyrik an sich selbst erstickt!

---

* Dieser Aufsatz erschien erstmals 1996 in „Impressum" (alternative Vierteljahreszeitschrift für Autoren und Verleger, 1999 eingestellt) und löste eine kurze, aber heftige Diskussion unter den Lesern aus.

Inhaltsverzeichnis

201

Wer mehr von Siegfried Schüller lesen möchte:

Von Maulwürfen, Männern und anderen Tieren
Kurzgeschichten und Satiren

Taschenbuch, 192 Seiten
Format 13,5 cm x 21,5 cm
ISBN 978-3-7431-8880-8
Cover: Tom Meilhammer
Verlag: BoD – Books on Demand,
Norderstedt, 2017
Preis: 13,80 EUR
In allen Buchhandlungen oder
online (auch als E-Book).

In den Geschichten *Von Maulwürfen, Männern und anderen Tieren* geht es um lebenswichtige Fragen – sei es in der Kneipe um die Ecke oder in Bethlehems Stall. Gehen Sie mit auf die Reise! Ein außerirdischer Goldfisch, ein Bär, der besser singt als Pavarotti – vom Wachtelkönig bis zum Kaiser von Deutschland werden Ihnen seltene Kreaturen begegnen. Und Männer – vom Kleingärtner bis zum Kampfpiloten, vom katholischen Pfarrer bis zu Picasso –, denen das Wasser bis zum Hals steht, die verzweifeln und versagen, aber nicht aufgeben, am Ende sogar zum Wolf werden, um wieder Mensch sein zu können.

Drei Dutzend Kurzgeschichten, Erzählungen und Satiren – garantiert ungereimt. Sie zeigen: Auch wer den Blues hat, muss noch lange nicht Schwarz sehen.